ACADIA #1

R	P	Q	K	F	H	Y	Y	Z	J	Q	L	K	X	A	R	B	A
W	P	L	N	U	N	M	V	R	K	J	X	A	K	I	H	K	Q
T	L	O	C	D	V	U	R	H	Q	Z	Z	M	L	M	J	R	I
X	C	M	O	U	N	T	B	D	E	S	E	R	T	G	N	F	M
B	G	R	A	N	I	T	E	P	P	E	A	K	S	Z	K	U	D
B	Q	R	S	H	R	L	A	K	N	I	U	D	V	R	G	Z	V
L	Q	X	T	S	N	P	B	U	X	Q	D	U	E	F	C	Q	D
B	I	T	A	L	L	E	S	T	T	M	O	U	N	T	A	I	N
M	H	H	L	A	K	E	S	M	I	A	B	Z	R	A	B	N	S
Q	P	R	H	U	S	H	D	F	H	L	Z	B	Z	O	A	X	H
X	S	C	I	V	I	E	G	D	K	H	R	F	O	U	L	D	A
M	Q	Z	S	I	U	X	W	O	O	D	L	A	N	D	S	L	S
M	A	T	L	A	N	T	I	C	X	C	O	A	S	T	A	K	F
V	F	O	A	W	Z	N	L	E	A	K	P	S	Q	O	M	C	D
Z	Y	T	N	L	R	E	M	A	I	N	E	V	H	I	F	L	W
D	Z	S	D	Y	B	V	F	N	Q	T	C	I	O	D	F	N	I
H	W	T	S	N	P	W	I	G	W	D	A	C	A	D	I	A	A
G	K	T	K	P	O	F	R	E	S	H	W	A	T	E	R	U	E

ACADIA
COASTAL ISLANDS
LAKES
OCEAN

ATLANTIC COAST
FRESHWATER
MAINE
TALLEST MOUNTAIN

BALSAM FIR
GRANITE PEAKS
MOUNT DESERT
WOODLANDS

AMERICAN SAMOA #1

G	L	Z	O	D	F	S	O	F	R	J	E	U	L	L	U	V	S
K	U	E	Q	S	J	V	G	M	A	Z	B	N	K	I	G	J	M
H	C	A	R	A	M	E	R	I	C	A	N	D	S	A	M	O	A
Z	C	P	T	M	E	V	D	Y	Y	U	K	R	N	K	T	K	J
N	T	Y	P	O	O	J	A	O	C	U	C	E	H	L	R	K	R
U	I	W	J	A	O	G	L	G	L	Z	F	P	V	U	W	S	C
Y	W	K	B	N	Y	O	C	E	O	H	X	S	N	T	H	P	R
R	B	E	E	Z	B	R	O	W	N	T	B	O	O	B	I	E	S
V	I	D	O	I	K	A	R	N	E	V	X	U	N	N	T	C	E
L	I	W	I	S	J	I	A	P	J	K	E	T	M	F	E	I	A
S	U	Y	U	L	O	N	L	Q	V	Y	B	H	S	E	V	E	W
F	H	E	P	A	W	F	B	X	A	O	H	E	P	I	B	S	T
U	D	G	J	N	S	O	R	L	L	P	A	R	K	S	E	R	U
I	W	S	U	D	X	R	E	B	Y	U	U	N	I	L	A	F	R
N	Z	F	S	S	I	E	E	N	F	N	D	M	T	K	C	I	T
B	S	L	L	G	K	S	F	O	X	E	S	O	V	T	H	S	L
G	D	Q	B	I	K	T	S	C	O	L	M	S	W	H	E	H	E
K	G	D	L	E	G	S	A	U	N	J	Z	T	W	V	S	R	S

AMERICAN SAMOA
CYCLONE VAL
RAINFORESTS
SOUTHERNMOST

BROWN BOOBIES
FOXES
SAMOAN ISLANDS
SPECIES FISH

CORAL REEFS
PARKS
SEA TURTLES
WHITE BEACHES

ARCHES #1

I	I	M	B	U	N	Q	U	R	Q	A	E	D	D	N	K	X	Q
I	V	W	O	L	A	N	D	S	C	A	P	E	V	A	R	C	H
Y	T	I	Z	F	T	K	B	A	K	R	O	S	A	T	O	W	N
X	I	J	Y	G	U	F	I	N	S	C	T	E	D	U	C	N	I
Y	Z	O	S	Y	R	F	O	D	L	H	H	R	U	R	K	D	A
L	F	I	Q	G	A	Z	L	S	A	E	O	T	U	A	S	S	W
K	H	H	Y	K	L	G	O	T	J	S	L	N	N	L	D	Q	R
C	M	S	C	B	N	R	G	O	Z	V	E	C	F	J	U	N	C
Z	I	U	Y	H	Z	R	I	N	R	H	S	L	H	W	E	F	I
M	D	A	X	K	D	D	C	E	K	E	M	I	S	A	P	B	B
B	B	U	C	H	S	C	A	H	A	P	C	M	L	T	C	U	Z
L	K	N	T	S	F	A	L	J	Z	A	E	A	S	E	J	Y	L
K	D	O	U	B	L	E	C	A	R	C	H	T	A	R	G	I	A
T	I	R	O	U	U	N	S	F	W	R	Z	E	N	E	Z	I	K
C	X	U	J	M	F	M	O	S	T	S	P	O	P	U	L	A	R
T	B	O	N	E	H	P	I	N	N	A	C	L	E	S	Y	G	O
H	R	S	C	H	D	E	L	I	C	A	T	E	M	A	R	C	H
B	S	B	K	R	J	V	D	H	R	J	U	M	Y	D	F	R	N

ARCHES	BIOLOGICAL SOIL	DELICATE ARCH
DESERT CLIMATE	DOUBLE ARCH	FINS
LANDSCAPE ARCH	MOST POPULAR	NATURAL
NATURAL WATER	ONE PINNACLES	POTHOLES
ROCKS	SANDSTONE	

BADLANDS #1

N E B F M C Q F M B R S O X U K E G
L A R G E S T S A S S E M B L A G E
D C L Z Y O Z P M E N A N S U C W D
Q O Q H Z Y O S M S W N H F K R J M
C I C A R G W Z A T N A O Q P Q R F
C N M K W F P H L T W I L D L I F E
O B I G H O R N M S H E E P R B R T
H G X U G W A E F P I N N A C L E S
Z H E N C V I Y O A T K K F V A T O
B Q D Z K H R L S R E Q X Z F C H U
R Q S U S K I X S K L G H L Y K X T
X I G H U D E I I A R K Q T C B E H
P H R E F Q P A L E I X I B A F A F
I E A W V I D B S H V K D A K O T A
B K S B W N O B E Z E N W R P O M M
H V S E V C G L J E R X I R Y T V B
H F X P G M S O L T D S P I R E S U
M P N J O B J G D V L P G I T D P U

BIGHORN SHEEP
LARGEST ASSEMBLAGE
PARK
SOUTH
WILDLIFE
BLACK FOOTED
MAMMAL FOSSILS
PINNACLES
SPIRES
DAKOTA
MIXED GRASS
PRAIRIE DOGS
WHITE RIVER

BIG BEND #1

L	A	R	G	E	S	T	S	P	R	O	T	E	C	T	E	A	A
D	C	H	I	H	U	A	H	U	A	N	V	D	E	S	E	R	T
X	Y	J	N	O	K	E	V	F	B	L	Y	I	A	U	L	C	O
M	A	V	Y	J	J	F	A	H	S	O	N	N	C	K	E	J	Z
I	V	O	T	O	C	C	S	B	V	R	M	O	X	K	H	M	B
A	X	L	I	K	B	Z	I	F	J	C	O	S	A	N	O	N	F
Y	K	C	A	R	I	V	E	R	J	C	H	A	N	N	E	L	Q
N	P	A	J	X	G	W	F	N	D	W	R	U	Y	X	A	N	L
S	A	N	T	A	H	E	L	E	N	A	U	R	S	J	M	A	A
C	R	I	J	A	B	S	L	D	M	O	Y	R	X	Q	D	V	S
J	K	C	Q	F	E	T	J	L	L	M	C	B	X	O	Y	H	Q
K	J	Y	T	W	N	J	D	O	W	D	K	O	E	J	T	F	L
M	R	D	H	O	D	T	H	H	F	A	R	N	M	H	G	J	Q
U	A	I	N	U	O	E	O	J	F	O	H	E	J	M	Q	O	G
A	N	K	S	W	F	X	V	X	E	A	X	S	X	B	P	O	H
V	G	E	H	Y	N	A	T	I	O	N	A	L	L	P	A	R	K
Y	E	S	O	U	V	S	Q	K	F	Z	K	F	A	W	J	S	U
A	R	C	H	E	O	L	O	G	I	C	A	L	A	J	E	M	G

ARCHEOLOGICAL
BIG BEND
CHIHUAHUAN DESERT
DINOSAUR BONES
LARGEST PROTECTE
NATIONAL PARK
PARK RANGER
RIVER CHANNEL
SANTA ELENA
VOLCANIC DIKES
WEST TEXAS

BISCAYNE #1

D	U	K	B	E	P	E	P	K	X	R	A	D	I	W	U	D	K
J	Z	S	T	Z	F	Z	J	F	F	X	X	D	F	Q	A	S	G
U	X	N	T	R	J	T	D	Z	P	M	M	L	X	L	Q	G	G
B	O	Z	N	K	V	K	E	F	J	Z	V	P	E	X	Q	K	L
F	T	A	B	V	B	V	M	J	H	G	L	O	Q	P	N	R	A
J	Z	V	R	T	G	Y	P	X	H	O	P	J	L	T	F	S	D
R	U	W	F	I	V	R	B	T	Y	C	G	R	V	M	S	G	E
R	E	Z	U	E	C	F	L	O	R	I	D	A	U	K	E	Y	S
T	R	X	A	F	Y	H	L	V	Y	Z	G	N	P	K	C	C	Z
W	Z	J	B	K	P	C	R	O	C	O	D	I	L	E	S	S	C
G	H	O	M	E	S	T	E	A	D	H	Z	M	C	U	P	C	U
S	I	S	A	O	H	F	L	O	R	I	D	A	V	V	O	V	L
X	M	A	N	G	R	O	V	E	X	U	W	L	X	E	B	V	T
T	I	F	A	P	A	R	K	O	Z	T	G	S	A	I	Q	C	U
J	A	Y	T	D	Z	E	L	L	I	O	T	T	R	K	E	Y	R
P	M	X	E	B	I	S	C	A	Y	N	E	J	B	A	Y	I	E
Z	I	O	E	S	I	T	F	T	Q	T	T	A	K	E	Q	M	B
O	B	J	S	C	B	J	C	Z	L	F	E	H	E	F	I	C	W

ANIMALS
BISCAYNE BAY
CROCODILES
ELLIOTT KEY
FLORIDA
FLORIDA KEYS
FOREST
GLADES CULTURE
HOMESTEAD
MANATEES
MANGROVE
MIAMI
PARK

BLACK CANYON OF THE GUNNISON #1

C	O	L	O	R	A	D	O	N	R	I	V	E	R	R	R	U	Q
S	A	I	B	T	Y	I	P	L	R	A	H	E	G	M	C	K	U
C	L	L	X	Y	I	Q	K	Y	G	J	F	Z	F	S	J	N	D
K	L	E	G	U	N	N	I	S	O	N	I	R	I	V	E	R	D
N	V	B	U	D	E	E	P	E	S	T	S	D	P	A	R	K	X
A	S	C	N	Y	O	O	M	V	Q	I	A	V	R	A	K	J	X
K	R	W	N	D	U	N	O	E	U	C	L	G	E	M	J	G	C
P	P	B	I	D	A	G	B	R	B	I	T	G	C	O	B	G	A
W	C	R	S	I	J	B	L	A	C	K	P	C	A	N	Y	O	N
B	H	I	O	Q	L	Y	N	L	R	J	L	O	M	T	B	T	Y
T	L	D	N	Z	W	Z	C	L	A	Q	A	L	B	R	J	B	O
S	O	G	S	B	D	O	J	C	W	M	K	O	R	O	P	Z	N
F	K	D	T	A	I	K	J	A	F	A	E	R	I	S	B	D	P
X	T	D	U	T	P	S	M	N	O	B	Z	A	A	E	I	C	T
U	Q	Y	N	P	L	G	C	Y	R	B	C	D	N	G	A	M	F
H	F	Z	N	G	O	D	Z	O	D	O	I	O	U	D	F	G	W
R	E	F	E	J	C	M	V	N	M	U	T	I	I	S	E	Z	F
A	F	N	L	O	V	N	S	S	A	P	Y	Y	A	J	D	W	H

BLACK CANYON
COLORADO RIVER
GUNNISON RIVER
PARK
SEVERAL CANYONS
CANYON
CRAWFORD
GUNNISON TUNNEL
PRECAMBRIAN
COLORADO
DEEPEST
MONTROSE
SALT LAKE CITY

BRYCE CANYON #1

```
G O F E A G L E S L J P P C F N U I
P Z O R Z G K Q M X H J K S W C Q H
S K M O R M O N S G W D H A V W E I
S W U S H U Q A G V Z L M N X A R U
U S L I W L V T E S V F C D N M O E
P L T O R E P I O N E E R S W Q C L
M X I N N K T V L O A N H T X E I M
J Y C L V D K E O W M Y H O P B K T
U Z O J P E I I G S P B K N T T O K
R N L N Z E D A I H H J T E H E U E
T F O I Y R X M C O I F W X K G K S
P R R S N D U E A E T X U H M O T G
C V E L A N B R L S H C Z O F A B Z
V C D H S Q U I R R E L S O F H A N
C B K M F L T C Y Q A X P D E N U B
A P L Z H K B A J J T K B O H Y P T
I V Z E H C I N I I E B Q O O F M L
P T M V Z Z W S B W R E N S N T J I
```

AMPHITHEATER	EAGLES	EROSION
GEOLOGICAL	MORMON	MULE DEER
MULTICOLORED	NATIVE AMERICANS	PIONEERS
SANDSTONE HOODOOS	SNOWSHOES	SQUIRRELS

CANYONLANDS #1

B	O	G	T	D	F	U	R	B	P	S	J	P	J	R	D	R	G
S	G	V	Z	R	N	Y	E	W	L	T	A	R	C	H	E	S	H
N	Y	D	V	Y	V	U	Z	A	J	R	S	O	O	K	N	M	O
W	U	T	B	B	J	Z	I	O	P	W	K	Y	L	W	B	A	M
A	T	V	Y	B	Q	Q	P	A	R	K	S	S	O	P	B	Z	Z
G	W	D	G	B	Q	C	G	R	E	E	N	S	R	I	V	E	R
F	E	V	Z	I	G	B	U	T	T	E	S	E	A	N	V	T	O
E	F	V	T	E	L	M	H	I	R	U	X	X	D	N	V	O	C
L	H	D	F	N	K	U	H	F	I	Q	G	C	O	A	F	F	K
S	X	D	E	Z	M	N	K	A	B	T	C	W	R	C	X	Y	E
S	L	Z	W	R	T	E	U	C	U	U	R	F	R	L	S	C	M
P	Y	T	S	A	C	O	Q	T	T	L	Q	U	I	E	F	A	S
C	N	Y	O	I	K	R	X	S	A	R	E	Z	V	S	I	N	N
W	K	Z	G	A	T	A	M	A	R	I	S	K	E	A	P	Y	H
H	G	V	E	V	Z	T	R	V	I	Y	U	F	R	R	W	O	B
P	D	K	W	Q	L	Q	T	G	E	N	S	N	Q	R	M	N	I
I	T	X	L	E	L	A	N	D	S	C	A	P	E	W	N	S	O
D	J	D	K	K	Z	Z	W	Q	C	N	V	G	I	J	P	T	C

ARCHES
ARTIFACTS
BUTTES
COLORADO RIVER
GREEN RIVER
LANDSCAPE
MAZE OF CANYONS
PARK
PINNACLES
ROCK
TAMARISK
TRIBUTARIES

CAPITOL REEF #1

H	X	R	H	Q	G	F	H	L	I	J	S	B	X	W	K	R	X
Q	L	K	C	K	R	J	Z	P	H	O	X	E	L	A	M	S	W
N	U	P	J	Z	F	Q	Z	L	G	M	Y	I	M	U	E	M	A
A	I	J	K	H	E	W	F	E	Y	H	D	B	H	F	R	R	T
T	L	U	K	J	C	H	M	M	T	L	E	W	N	Y	W	Y	E
U	U	D	M	O	N	O	L	I	T	H	S	N	P	V	A	X	R
R	N	D	O	M	E	S	S	R	U	U	L	I	E	J	J	V	P
A	E	D	N	V	Y	V	I	E	Y	X	N	J	D	P	N	N	O
L	K	H	O	X	V	Y	J	C	W	P	S	N	Y	U	T	H	C
E	E	A	C	L	I	F	F	S	C	G	J	P	O	R	Q	J	K
F	I	O	L	R	I	W	A	Z	H	F	X	Y	C	W	M	X	E
E	X	H	I	B	I	T	S	E	L	A	B	B	X	P	Z	R	T
A	G	G	N	O	T	X	E	B	L	V	F	P	W	R	A	F	W
T	R	G	E	O	L	O	G	I	C	T	L	A	Y	E	R	S	F
U	T	A	H	S	E	Y	F	K	L	E	T	R	K	L	G	I	O
R	I	D	G	E	S	K	C	T	F	C	X	K	M	R	S	C	L
E	W	L	T	F	T	G	Y	U	E	Z	U	Y	I	O	Y	E	D
S	A	N	D	S	T	O	N	E	L	N	S	F	F	H	B	Y	F

CLIFFS	DOMES	EXHIBITS
GEOLOGIC LAYERS	MONOCLINE	MONOLITHS
NATURAL FEATURES	PARK	RIDGES
SANDSTONE	UTAH	WATERPOCKET FOLD

CARLSBAD CAVERNS #1

E	I	T	C	A	R	L	S	B	A	D	Z	V	A	W	U	P	O
H	X	J	L	G	U	A	D	A	L	U	P	E	V	H	N	E	H
R	S	O	T	G	W	R	L	A	Y	Z	S	P	R	I	N	G	S
K	N	C	E	P	J	G	K	P	E	D	H	A	O	B	A	T	S
M	N	U	L	F	T	E	O	M	G	L	O	R	I	B	T	H	B
I	Z	J	S	G	X	S	L	L	E	L	W	K	P	E	U	E	D
F	U	N	O	D	A	L	Y	O	C	Q	D	B	M	F	R	U	K
E	U	F	C	I	A	I	B	A	T	T	C	A	V	E	A	L	D
Q	D	X	W	A	O	M	O	U	N	T	A	I	N	S	L	O	O
I	I	Y	D	H	H	E	D	X	C	A	V	E	R	N	S	N	I
U	M	H	L	B	Q	S	L	E	Y	M	E	P	N	W	O	G	O
A	F	R	E	E	N	T	A	I	L	E	D	H	N	T	Y	E	A
X	X	Q	B	R	Y	O	Z	O	A	N	S	L	H	I	S	S	N
U	M	Y	H	V	A	N	D	M	J	W	K	P	C	K	T	T	R
Z	C	U	X	T	H	E	Z	B	I	G	T	R	O	O	M	N	L
H	M	A	K	N	Z	Y	T	I	B	H	L	M	L	I	F	X	F
Z	L	D	I	N	Y	A	X	E	I	R	U	T	O	F	W	Y	C
Z	U	J	E	J	F	N	J	Z	O	X	N	W	A	G	L	M	I

BATS	BAT CAVE	BRYOZOANS
CARLSBAD	CAVERNS	FREE TAILED
GUADALUPE	LARGE LIMESTONE	MOUNTAINS
NATURAL	PARK	SHOW CAVE
SPRINGS	THE BIG ROOM	THE LONGEST

CHANNEL ISLANDS #1

C	K	H	O	Z	C	J	V	P	W	V	B	I	K	G	S	R	D
I	K	R	R	R	W	J	E	Q	Z	W	H	Y	H	B	F	U	C
W	G	Y	C	S	E	Y	X	Y	Z	I	A	C	F	K	I	B	J
B	Z	J	V	E	N	T	U	R	A	B	C	O	U	N	T	Y	M
T	D	P	F	S	T	O	N	E	N	C	H	O	P	P	E	R	Q
V	R	M	E	D	I	T	E	R	R	A	N	E	A	N	D	Y	B
L	U	N	L	L	I	J	S	A	N	T	A	Q	C	R	U	Z	D
K	U	H	A	M	K	F	C	A	B	P	F	W	S	Z	L	W	U
E	E	T	N	A	T	I	O	N	A	L	X	P	A	R	K	C	T
C	S	I	D	M	O	S	U	I	N	L	I	A	N	J	I	Y	U
R	Z	V	I	M	A	L	U	M	A	U	Z	C	U	R	P	H	Y
I	M	L	P	O	D	A	D	A	C	Q	S	I	M	Y	H	C	P
O	Z	Y	L	T	S	N	B	L	A	Q	C	F	I	Z	L	J	R
T	H	U	A	H	E	D	K	S	P	H	S	I	G	A	S	T	L
N	L	F	N	S	B	S	Z	Y	A	G	K	C	U	N	N	A	Y
S	A	N	T	A	T	B	A	R	B	A	R	A	E	P	K	B	N
P	L	K	S	D	V	Y	S	I	S	Z	Z	C	L	Z	E	D	E
C	X	D	F	K	T	U	W	B	X	I	A	F	C	T	U	V	N

ANACAPA
LAND PLANTS
NATIONAL PARK
SANTA CRUZ
TOADS
ANIMALS
MAMMOTH
PACIFIC
SAN MIGUEL
UNESCO
ISLANDS
MEDITERRANEAN
SANTA BARBARA
STONE CHOPPER
VENTURA COUNTY

CONGAREE #1

H	A	V	W	S	N	E	O	P	O	M	E	Y	C	M	C	N	C
B	J	N	I	S	O	U	T	H	V	C	A	R	O	L	I	N	A
Q	O	A	L	I	R	C	H	W	P	O	S	H	N	F	C	I	R
S	P	V	D	E	T	B	E	H	Q	N	T	M	G	B	F	A	O
V	I	D	E	R	H	A	T	X	B	G	E	I	A	K	G	B	L
S	C	Y	R	R	N	N	T	V	F	A	R	Q	R	W	D	J	I
S	C	O	N	A	A	Z	A	G	U	R	N	A	E	K	M	M	N
C	Q	F	E	M	M	J	L	F	R	E	C	A	E	C	N	T	A
G	D	K	S	C	E	E	L	C	O	E	O	T	L	O	O	P	K
W	U	E	S	L	R	F	E	N	V	J	Y	E	R	B	L	Z	O
V	G	F	X	U	I	P	S	O	U	T	H	M	I	S	D	O	F
N	F	J	A	B	C	A	E	B	R	H	A	P	V	Z	N	W	F
L	S	G	R	N	A	D	Q	K	U	S	W	E	E	T	G	U	M
J	W	B	E	P	W	S	R	Z	V	E	N	R	R	U	R	S	I
P	I	N	A	T	I	O	N	A	L	Z	P	A	R	K	O	X	R
M	I	D	D	L	E	X	A	T	L	A	N	T	I	C	W	N	G
I	J	P	L	F	B	Y	Q	D	J	M	N	E	E	C	T	N	H
M	H	A	K	P	E	K	X	H	R	D	C	P	X	I	H	D	O

CAROLINA
EASTERN
NORTH AMERICA
SOUTH
TEMPERATE
CONGAREE
MIDDLE ATLANTIC
OLD GROWTH
SOUTH CAROLINA
THE TALLES
CONGAREE RIVER
NATIONAL PARK
SIERRA CLUB
SWEETGUM
WILDERNESS AREA

CRATER LAKE #1

H	I	K	F	N	B	C	A	U	V	X	T	W	X	W	B	D	B
U	K	K	U	M	P	O	D	L	C	T	K	R	V	H	Y	J	O
R	C	V	X	C	A	S	C	A	D	E	C	R	A	N	G	E	L
L	O	G	X	E	D	M	W	K	G	F	L	W	Y	W	X	O	E
X	X	T	B	C	R	A	T	E	R	S	L	A	K	E	O	W	U
C	O	C	M	J	R	I	M	Z	D	R	I	V	E	M	P	H	B
J	A	X	A	M	G	Y	V	O	T	M	Z	S	E	K	W	P	L
L	B	K	L	A	M	A	T	H	X	C	O	U	N	T	Y	B	Y
A	W	G	V	A	P	A	C	I	F	I	C	W	O	C	E	A	N
R	K	I	V	I	O	Y	S	G	V	O	I	B	L	V	U	K	Y
Y	E	Q	U	S	N	U	U	G	U	V	S	X	O	D	J	A	K
I	W	J	R	L	J	T	P	I	D	H	I	A	M	C	Y	P	O
Y	D	U	W	M	M	O	U	N	T	T	M	A	Z	A	M	A	P
L	Q	D	R	Q	I	R	E	S	E	Y	V	W	D	L	T	R	T
T	C	C	L	A	K	E	K	V	O	S	T	O	K	D	W	K	D
A	U	N	K	B	F	G	Q	B	Z	Q	C	Z	N	E	G	A	F
W	J	Q	Z	T	V	O	L	C	A	N	O	X	W	R	J	N	U
R	B	B	K	Q	X	N	A	E	L	W	E	K	Q	A	Y	W	Z

CALDERA
KLAMATH COUNTY
MOUNT MAZAMA
PARK

CASCADE RANGE
LAKE OHIGGINS
OREGON
RIM DRIVE

CRATER LAKE
LAKE VOSTOK
PACIFIC OCEAN
VOLCANO

CUYAHOGA VALLEY #1

```
Y V F P A T C C Z T G O P K B K H V
I R E D H T U L S X P B L U G O P C
L I C I A A Y Z J P U J C T J U G D
K F N M O L A K E Z M I C H I G A N
A D R D N A H I Z N P B U E S J P O
W X T Y C K O F T Z K W Y S L Z F R
M X S Z T E G E L I I E A W E G N T
P X B O D T A B J E N T H Y P R L H
T N E U F S T J U W S Q O A R B A E
U B T T P U R H V J O D G N O Z R A
V Z S Y O P I L L J A W A D Y A K S
M B X T A E V A L L E Y W O A T T T
H X N U H R E N V Z B J V T L B I F
X S Y J O I R B O Y L P A W E X T O
R M T R Z O H I O H E X L Z O W P H
K O I I Y R C Q D N D A L Q P U U I
C H U D S O N W V A L L E Y A V S O
O Z T W Y E Z F J L F L Y U D L A A
```

CUYAHOGA RIVER
CUYAHOGA VALLEY
HUDSON VALLEY
ISLE ROYALE
LAKE MICHIGAN
LAKE SUPERIOR
NORTHEAST OHIO
OBJIBWE
OHIO
PUMPKINS
THE WYANDOT
VALLEY

DEATH VALLEY #1

F	K	I	O	A	B	K	L	G	R	F	V	J	B	J	D	W	M
E	W	B	L	E	B	B	D	G	Z	J	E	C	C	U	Y	E	J
H	O	P	Y	R	P	D	O	D	F	Y	V	X	L	K	F	S	N
W	U	P	I	X	Q	X	F	U	D	N	H	H	S	I	S	X	O
F	M	U	B	Z	P	C	A	N	Y	O	N	S	U	B	U	Z	O
Q	L	M	B	R	J	A	N	E	V	A	D	A	A	P	F	H	D
F	S	F	B	I	Q	L	D	S	A	L	T	E	F	L	A	T	S
V	P	V	R	C	N	I	N	A	G	J	U	K	I	V	H	G	X
O	B	M	K	K	R	F	G	P	G	M	G	N	A	D	L	Y	F
E	D	O	V	S	M	O	U	N	T	A	I	N	S	H	W	E	V
E	Q	J	K	U	S	R	O	V	V	B	X	F	Y	O	T	D	Q
L	B	A	D	L	A	N	D	S	A	D	B	Z	C	T	E	A	W
M	E	V	E	J	V	I	W	F	Q	B	L	C	H	S	H	H	M
M	N	E	S	I	L	A	Q	V	R	Q	E	G	B	O	U	U	S
E	D	D	E	A	T	H	X	V	A	L	L	E	Y	K	W	P	X
T	J	G	R	E	A	T	H	B	A	S	I	N	L	C	W	W	W
R	B	W	T	U	B	O	P	D	M	B	U	A	O	A	W	B	G
K	M	J	S	I	E	R	R	A	S	N	E	V	A	D	A	S	O

BADLANDS
DEATH VALLEY
GREAT BASIN
NEVADA
CALIFORNIA
DESERTS
MOJAVE
SALT FLATS
CANYONS
DUNES
MOUNTAINS
SIERRA NEVADA

DENALI #1

T	F	F	W	Z	D	U	I	F	C	U	I	I	K	O	H	I	T
Y	I	R	T	G	C	H	Q	B	N	D	K	O	M	N	I	F	U
N	R	T	C	R	F	W	G	J	A	O	A	Q	I	D	G	L	N
W	Y	I	P	Z	I	F	Q	U	W	G	H	S	D	E	H	C	D
U	Q	L	O	O	G	M	A	Q	N	E	I	N	D	N	E	Y	R
D	D	G	Z	P	Y	C	T	Z	O	S	L	A	L	A	S	K	A
R	R	Q	F	M	A	D	Y	B	R	L	T	T	E	L	T	K	H
I	O	P	I	K	P	J	Y	Z	T	E	N	I	W	I	C	K	D
Q	D	C	P	P	V	V	T	K	H	D	A	O	E	G	M	N	D
K	I	C	Z	J	R	O	U	K	E	D	W	N	L	S	O	L	P
U	L	T	G	U	U	V	Q	T	A	I	G	A	E	R	U	N	F
N	C	S	K	U	P	B	A	F	M	N	L	L	V	F	N	X	V
J	E	B	Y	Y	C	H	H	O	E	G	A	N	A	R	T	Q	V
L	O	I	G	L	A	C	I	E	R	S	C	P	T	P	A	R	K
H	C	K	D	Z	V	K	Y	O	I	O	I	A	I	P	I	N	I
G	B	P	Z	A	R	P	D	H	C	Y	E	R	O	J	N	Q	R
S	I	C	M	I	D	W	V	E	A	G	R	K	N	T	F	W	U
S	D	B	S	G	W	I	L	D	E	R	N	E	S	S	M	U	E

ALASKA
DENALI
DOG SLEDDING
GLACIERS
HIGHEST MOUNTAIN
KAHILTNA GLACIER
MIDDLE ELEVATIONS
NATIONAL PARK
NORTH AMERICA
PARK
TAIGA
TUNDRA
WILDERNESS

DRY TORTUGAS #1

N	N	A	W	U	F	J	R	Z	V	Y	Z	Y	U	S	H	K	E
P	F	F	O	R	T	R	E	S	S	S	W	Q	B	Z	C	K	E
X	X	L	U	V	O	V	S	M	U	Q	I	B	M	U	I	P	P
Z	Z	O	U	I	O	N	Z	M	B	N	Z	Y	V	Q	P	G	D
D	O	R	I	B	R	U	I	N	R	O	F	F	P	P	C	W	D
J	V	I	X	S	C	U	B	A	M	D	I	V	I	N	G	V	X
O	B	D	X	H	N	Y	E	O	C	F	S	O	G	O	F	U	Y
D	N	A	T	I	O	N	A	L	V	P	A	R	K	L	B	C	Y
D	J	J	G	P	A	R	K	F	G	M	R	U	C	M	B	K	B
B	I	R	D	W	A	T	C	H	I	N	G	G	V	A	D	B	N
A	O	C	D	R	Y	B	T	O	R	T	U	G	A	S	B	A	Z
H	S	Y	S	E	A	P	L	A	N	E	X	X	U	O	T	I	T
A	U	A	F	C	M	L	E	U	A	J	C	N	H	N	Y	Q	U
T	B	H	S	K	E	Y	F	W	E	S	T	T	U	R	H	K	D
L	K	Z	N	S	N	O	R	K	E	L	I	N	G	Y	R	Y	T
O	H	G	A	P	Y	D	F	G	X	H	G	W	E	K	W	D	R
X	G	P	B	Z	X	M	M	K	W	M	T	A	F	C	U	Y	N
T	K	M	Y	T	T	A	R	U	X	G	W	R	A	X	H	Z	W

BIRDWATCHING	DRY TORTUGAS	FLORIDA
FORTRESS	KEY WEST	MASONRY
NATIONAL PARK	PARK	SCUBA DIVING
SEAPLANE	SHIPWRECKS	SNORKELING

EVERGLADES #1

M	V	D	L	K	N	A	T	I	O	N	A	L	O	P	A	R	K
P	O	K	M	A	R	T	R	Q	N	T	N	E	E	E	P	C	P
A	P	T	M	T	P	S	A	R	T	C	F	L	O	R	I	D	A
J	P	E	U	L	N	T	I	O	A	L	X	V	A	I	B	M	R
H	P	O	G	B	X	D	L	M	G	M	B	I	H	P	I	O	K
W	W	W	H	P	P	X	S	K	H	Q	H	L	V	H	S	I	N
M	U	E	Z	O	A	O	K	S	U	R	M	L	H	Y	E	W	L
A	C	V	V	V	M	B	V	K	I	L	A	G	M	T	S	U	C
H	G	F	D	L	O	E	L	H	C	H	A	M	M	O	C	K	S
W	T	N	B	O	N	E	D	W	B	O	L	V	Q	N	E	L	A
G	I	L	B	R	O	W	N	D	P	E	L	I	C	A	N	S	W
L	B	H	M	S	C	E	L	U	E	Q	I	U	D	R	E	E	G
S	D	T	U	R	U	W	Z	S	X	D	G	N	U	S	G	N	R
G	J	J	I	C	L	G	U	O	P	A	A	Y	W	R	F	H	A
P	F	L	K	R	T	A	F	Z	U	M	T	F	J	C	S	A	S
C	M	G	F	P	U	L	A	Q	Y	S	O	Q	U	B	V	B	S
K	H	O	H	H	R	W	D	N	O	H	R	V	T	W	Q	L	U
K	S	W	H	G	E	V	E	R	G	L	A	D	E	S	B	B	H

ALLIGATOR	BROWN PELICANS	EVERGLADES
FLORIDA	HAMMOCKS	IBISES
MONOCULTURE	NATIONAL PARK	PARK
PERIPHYTON	SAWGRASS	TRAILS

GATES OF THE ARCTIC #1

R	A	G	C	A	Q	P	D	A	L	U	O	E	B	U	G	P	B
S	K	K	R	N	E	U	W	J	Y	I	J	U	R	J	B	C	A
A	Z	W	R	P	N	L	P	Q	O	Q	A	T	O	O	Y	J	R
R	B	T	W	Q	E	G	Z	Z	O	M	M	N	O	I	C	O	C
V	D	B	R	I	S	U	C	B	V	P	P	D	K	J	Z	H	T
B	A	L	V	G	V	M	P	D	F	O	G	A	S	O	P	Z	I
U	A	F	R	I	Q	Y	V	W	B	X	L	H	L	N	U	J	C
M	K	W	I	O	X	W	T	R	X	J	B	X	R	H	A	I	Y
N	D	A	L	T	O	N	I	H	I	G	H	W	A	Y	K	P	C
I	L	I	K	V	P	K	F	C	A	M	P	I	N	G	N	K	I
W	C	H	W	H	P	C	G	Z	Y	O	M	Z	G	T	W	F	R
U	Q	I	K	R	F	P	W	B	Y	U	K	F	E	P	M	C	C
I	X	Y	A	L	A	S	K	A	P	N	A	T	I	O	N	A	L
J	M	K	I	N	T	E	R	E	S	T	H	L	A	N	D	S	E
J	S	A	K	T	A	L	A	S	K	A	R	C	T	I	C	A	M
I	V	T	B	B	K	G	W	F	A	I	R	B	A	N	K	S	Y
W	N	Y	M	M	N	A	T	I	O	N	A	L	F	P	A	R	K
B	I	W	I	L	D	E	R	N	E	S	S	M	A	R	E	A	D

ALASKA
ARCTIC CIRCLE
DALTON HIGHWAY
MOUNTAINS
ALASKA NATIONAL
BROOKS RANGE
FAIRBANKS
NATIONAL PARK
ARCTIC
CAMPING
INTEREST LANDS
WILDERNESS AREA

GATEWAY ARCH #1

R	H	Q	X	N	A	T	I	O	N	A	L	O	P	A	R	K	N
Z	Q	W	M	C	G	X	S	K	A	P	V	U	P	Y	L	T	X
S	O	K	I	A	O	C	Z	X	T	M	L	A	T	P	B	A	D
M	C	K	S	T	A	L	O	U	I	S	P	D	O	V	X	O	I
Y	G	F	S	E	D	O	L	W	O	R	Q	P	H	H	B	J	A
G	S	I	I	N	S	U	D	W	N	P	K	M	S	O	L	R	S
A	E	V	S	A	Q	I	Z	D	A	C	E	C	X	Z	K	X	E
T	L	J	S	R	N	S	C	S	L	A	V	E	R	Y	Q	I	B
E	H	P	I	Y	U	I	O	R	L	Q	R	N	O	M	T	H	I
W	B	I	P	U	T	A	U	F	M	I	S	S	O	U	R	I	W
A	E	D	P	A	F	N	R	D	E	E	S	Q	V	U	Q	R	E
Y	D	J	I	R	B	A	T	S	M	F	S	A	A	S	A	C	G
M	A	O	N	C	H	W	H	C	O	I	A	H	P	S	G	Z	H
A	E	R	R	H	A	I	O	D	R	E	D	S	S	C	O	T	T
R	W	U	I	A	N	Y	U	N	I	A	D	H	J	H	E	W	U
C	F	O	V	T	W	N	S	J	A	P	E	S	X	V	C	P	J
H	M	M	E	A	K	N	E	D	L	J	A	Q	T	O	Z	K	V
X	P	A	R	K	G	I	H	M	T	E	I	V	Q	I	C	C	P

CATENARY ARCH	DRED SCOTT	GATEWAY ARCH
LOUISIANA	MISSISSIPPI RIVER	MISSOURI
NATIONAL MEMORIAL	NATIONAL PARK	OLD COURTHOUSE
PARK	SLAVERY	ST LOUIS

GLACIER #1

N	Q	U	J	V	V	J	M	Y	H	G	K	F	U	A	N	L	U
R	H	Y	A	S	M	Q	K	S	O	O	O	T	C	K	U	N	L
Y	B	R	I	T	I	S	H	C	C	O	L	U	M	B	I	A	D
I	N	T	P	T	N	E	T	G	X	E	J	S	G	I	P	T	G
B	B	O	N	C	N	A	B	Y	B	S	K	E	F	P	E	I	V
D	K	E	S	D	G	B	F	G	L	A	C	I	E	R	S	O	G
E	P	L	T	B	B	C	W	C	A	N	A	D	A	X	W	N	X
Z	H	U	Z	H	E	S	P	E	C	I	E	S	L	D	V	A	V
V	D	K	K	A	U	G	A	C	K	O	V	Y	B	C	O	L	C
H	T	K	T	F	D	Y	R	O	F	I	K	I	E	P	A	M	T
M	G	L	Q	W	K	I	K	S	E	I	M	N	R	O	B	P	G
Y	E	Q	M	N	V	N	S	Y	E	M	O	N	T	A	N	A	M
N	V	W	S	X	I	N	Y	S	T	Q	C	J	A	U	P	R	A
X	T	S	X	M	O	U	N	T	A	I	N	O	U	S	B	K	P
P	A	A	R	N	R	W	V	E	Z	F	D	X	Q	P	Q	V	L
W	W	R	O	C	K	Y	P	M	O	U	N	T	A	I	N	S	Q
P	N	T	J	E	M	L	U	I	B	I	N	I	H	S	S	B	M
Q	D	V	M	B	T	M	N	T	W	X	S	Y	M	W	E	U	P

ALBERTA
BLACKFEET
BRITISH COLUMBIA
CANADA
ECOSYSTEM
GLACIER
MONTANA
MOUNTAINOUS
NATIONAL PARK
PARKS
ROCKY MOUNTAINS
SPECIES

GLACIER BAY #1

D	L	N	E	F	X	F	D	K	Q	Q	S	R	K	R	T	Q	O
K	Y	G	E	M	K	F	E	B	O	N	D	R	W	B	E	X	Q
I	Q	K	J	C	M	V	Z	F	H	Q	A	N	G	D	W	D	U
W	H	M	U	M	I	O	Z	Q	I	T	E	I	B	D	I	V	O
M	W	H	F	P	Z	H	U	G	G	L	H	S	I	U	L	C	Y
O	H	A	L	S	E	K	X	R	I	V	E	R	R	U	D	B	Q
T	S	L	A	P	A	R	K	T	Q	M	N	P	N	B	E	M	A
Z	Q	A	S	O	U	T	H	E	A	S	T	H	P	R	R	G	Q
O	L	S	F	R	D	O	Z	X	P	O	R	E	E	D	N	W	H
J	I	K	P	T	A	K	H	I	N	S	H	A	G	R	E	J	M
P	M	A	L	U	P	W	I	L	S	Z	L	J	L	R	S	K	Y
X	E	E	K	H	O	O	N	A	H	V	W	L	I	W	S	I	G
D	S	H	N	U	Y	C	I	G	Q	H	Y	R	E	I	I	Z	O
E	T	M	M	N	A	T	U	R	A	L	L	Z	Z	S	A	F	A
P	O	N	A	T	I	O	N	A	L	A	P	A	R	K	R	T	S
S	N	A	T	I	O	N	A	L	I	M	O	N	U	M	E	N	T
Z	E	N	L	N	W	V	Y	X	Q	Z	M	N	E	I	A	Q	Q
F	S	U	E	G	L	A	C	I	E	R	S	B	A	Y	G	W	O

ALASKA
HOONAH
NATIONAL PARK
SOUTHEAST
WILDERNESS AREA

ALSEK RIVER
LIMESTONES
NATURAL
SPORT HUNTING

GLACIER BAY
NATIONAL MONUMENT
PARK
TAKHINSHA

GRAND CANYON #1

T	H	T	N	N	Y	A	S	F	I	P	J	D	A	D	G	A	L
E	N	P	Z	J	U	B	O	M	F	B	D	Z	C	O	Y	N	P
J	F	M	F	U	P	W	H	G	A	R	V	B	R	R	I	V	H
R	Y	B	S	C	I	T	C	T	N	I	M	F	K	K	K	G	K
T	W	R	O	Z	O	W	N	T	U	G	Q	K	C	M	U	M	R
E	S	P	G	G	W	G	J	D	N	H	T	M	O	H	A	V	E
N	N	B	C	V	M	G	S	D	A	T	F	T	C	X	U	P	D
G	L	P	G	S	G	R	E	A	T	A	S	M	O	K	Y	O	A
X	Z	N	N	V	O	A	L	M	I	A	C	A	N	Y	O	N	R
F	Z	E	S	D	R	N	M	E	O	N	O	R	I	Y	H	I	O
J	V	D	B	Z	G	D	T	I	N	G	L	I	N	O	Q	L	C
B	Z	H	E	I	E	O	E	R	A	E	O	Z	O	X	S	F	K
V	V	A	B	I	A	C	H	S	L	L	R	O	P	I	X	X	I
M	I	V	I	T	C	A	M	V	H	F	A	N	V	R	P	O	X
V	U	W	J	O	Y	N	X	I	P	M	D	A	G	O	Y	E	I
L	H	A	V	O	R	Y	Q	H	A	S	O	U	S	F	N	L	H
N	U	M	J	E	A	O	X	K	R	I	V	E	R	G	Z	X	B
O	C	O	V	N	M	N	B	F	K	A	Z	X	S	L	G	L	R

ARIZONA	BRIGHT ANGEL	CANYON
COCONINO	COLORADO	GORGE
GRAND CANYON	GREAT SMOKY	MOHAVE
NATIONAL PARK	RED ROCK	RIVER

GRAND TETON #1

J	A	C	K	S	O	N	A	H	O	L	E	V	X	X	Z	N	T
J	P	B	H	X	S	D	S	Y	G	O	F	M	T	J	M	O	U
X	B	Q	O	X	C	Y	Y	A	Y	B	R	J	E	Y	O	L	N
U	G	Z	G	M	H	F	U	W	Y	N	H	C	C	B	S	M	P
Y	U	F	A	R	D	D	F	J	A	L	T	M	F	B	Q	F	A
N	F	T	N	B	I	O	X	Q	H	E	U	U	C	M	D	O	B
R	U	M	O	Q	L	X	P	F	W	Y	O	M	I	N	G	S	T
I	A	D	K	N	A	T	I	O	N	A	L	X	P	A	R	K	R
G	W	T	A	L	L	E	S	T	N	M	O	U	N	T	A	I	N
H	M	X	V	A	S	C	U	L	A	R	V	P	L	A	N	T	S
I	W	A	C	K	H	Q	W	V	D	M	Y	V	F	E	D	T	P
E	P	Q	H	M	O	U	N	T	A	I	N	S	K	Z	L	X	U
P	A	R	K	y	S	E	H	I	S	T	O	R	I	C	T	O	F
I	R	H	L	F	H	O	O	D	K	I	I	A	P	S	E	J	P
P	I	E	D	M	O	N	T	U	L	A	K	E	S	E	T	Y	Q
B	V	M	O	U	N	T	J	O	W	E	N	T	S	C	O	F	S
M	W	H	I	T	E	B	A	R	K	O	P	I	N	E	N	M	Y
X	C	O	B	H	E	E	R	T	U	H	D	A	X	P	S	S	O

GRAND TETON
MOUNT OWEN
PIEDMONT LAKES
VASCULAR PLANTS
JACKSON HOLE
NATIONAL PARK
SHOSHONE
WHITEBARK PINE
MOUNTAINS
PARK'S HISTORIC
TALLEST MOUNTAIN
WYOMING

GREAT BASIN #1

W	H	E	E	L	E	R	P	P	E	A	K	S	V	E	G	C	L
W	A	S	A	T	C	H	K	M	O	U	N	T	A	I	N	S	K
S	X	R	T	F	T	K	G	S	M	A	L	L	O	T	O	W	N
L	S	Y	W	O	T	L	R	V	Y	N	Y	A	Y	N	V	H	A
B	M	M	L	G	I	I	G	P	S	W	E	V	B	C	C	P	T
A	Q	D	W	Q	R	Y	D	A	I	W	N	E	V	A	D	A	I
B	W	J	V	O	V	E	J	K	E	V	E	K	P	U	C	L	O
S	F	K	G	I	S	O	W	O	R	M	A	M	G	Z	J	J	N
A	L	N	P	Z	W	M	K	F	R	S	R	S	R	C	F	Y	A
V	V	H	F	I	X	N	S	L	A	S	Y	V	E	G	A	S	L
J	L	L	Q	L	S	K	V	O	M	U	T	R	A	E	U	B	T
M	V	C	W	C	O	E	T	R	N	A	H	L	T	G	N	N	P
B	A	P	A	V	N	U	M	A	E	P	E	K	E	L	A	J	A
J	Y	O	X	G	K	Z	Y	F	V	Y	L	Z	B	A	K	E	R
I	X	R	L	T	Z	W	L	V	A	F	U	Y	A	V	D	A	K
W	M	Q	A	F	C	Q	Z	D	D	I	T	I	S	O	D	Z	O
N	Q	Z	L	A	E	Z	Q	K	A	U	A	I	I	L	A	E	L
T	U	P	P	J	Z	N	G	N	W	A	H	U	N	J	I	Y	A

BAKER	FAUNA	FLORA
GREAT BASIN	LAS VEGAS	NATIONAL PARK
NEAR THE UTAH	NEVADA	SIERRA NEVADA
SMALL TOWN	WASATCH MOUNTAINS	WHEELER PEAK

GREAT SAND DUNES #1

Y	S	A	N	V	L	U	I	S	U	V	A	L	L	E	Y	H	B
Z	A	K	C	M	S	K	Y	A	K	E	H	U	C	T	Z	I	G
W	N	I	L	O	G	C	O	N	G	R	E	S	S	D	G	X	Z
Z	D	V	X	N	I	Z	Q	D	Q	A	R	L	N	Z	N	E	O
Q	A	S	A	T	O	A	S	B	N	Y	W	P	J	R	X	Z	D
J	S	G	E	A	Z	G	E	O	L	O	G	I	C	F	D	D	H
S	H	O	T	N	W	G	K	A	U	M	O	Q	V	D	G	Y	J
X	E	G	H	E	R	B	E	R	T	A	H	O	O	V	E	R	S
V	E	E	Q	G	H	R	T	D	G	T	C	D	G	P	P	C	N
O	T	K	K	W	N	A	T	I	O	N	A	L	E	P	A	R	K
O	F	B	Y	O	G	C	T	N	E	K	O	I	V	A	L	R	O
V	T	C	N	O	D	F	O	G	Q	Y	S	Z	U	R	O	M	W
J	W	H	Z	D	G	R	E	H	X	L	Y	N	E	K	Z	Q	R
K	I	C	O	L	O	R	A	D	O	B	D	Y	I	Y	U	M	S
P	R	I	P	A	R	I	A	N	V	Z	O	N	E	S	H	D	Y
N	D	R	B	N	O	R	T	H	Z	A	M	E	R	I	C	A	V
M	M	Y	B	D	E	O	C	P	X	X	L	A	F	Y	O	W	K
G	X	B	Q	S	A	N	D	B	D	U	N	E	S	U	I	Y	J

COLORADO
CONGRESS
GEOLOGIC
HERBERT HOOVER
MONTANE WOODLANDS
NATIONAL PARK
NORTH AMERICA
PARK
RIPARIAN ZONES
SANDBOARDING
SAND DUNES
SAND SHEET
SAN LUIS VALLEY

GREAT SMOKY MOUNTAINS #1

V	E	R	T	E	B	R	A	T	E	F	S	P	E	C	I	E	S
N	F	C	O	Y	O	T	E	A	M	O	G	X	E	S	C	F	N
S	N	O	R	T	H	B	C	A	R	O	L	I	N	A	O	H	G
B	P	L	A	N	T	Q	S	P	E	C	I	E	S	L	L	W	T
T	L	O	O	Z	H	U	H	I	X	F	I	O	D	R	D	I	I
F	Y	R	I	D	G	E	C	M	O	U	N	T	A	I	N	S	J
N	F	F	P	I	K	J	M	I	J	B	A	T	S	L	A	K	Z
H	B	U	X	N	T	N	F	W	T	V	T	S	W	D	I	U	G
O	U	L	G	X	F	U	L	Z	T	H	I	K	I	N	G	N	Q
W	F	P	K	I	N	B	I	N	V	F	O	I	G	I	Q	K	I
J	X	A	U	Q	R	W	G	T	F	D	N	Y	F	X	G	Y	K
D	C	U	K	G	V	G	T	Y	V	U	A	N	I	K	R	X	N
W	F	T	B	O	M	N	Z	X	A	M	L	X	F	L	B	M	Q
M	Q	U	K	I	H	Y	V	H	D	P	R	S	T	Y	H	W	U
I	K	M	O	L	F	V	I	C	H	I	P	M	U	N	K	G	L
Y	F	N	O	B	O	V	Y	W	D	N	A	O	N	J	N	E	U
W	V	D	L	Y	L	T	W	P	L	Y	R	K	O	O	H	Q	P
K	M	K	O	M	R	X	S	X	Z	U	K	Y	Y	W	G	Q	E

BATS
CHIPMUNK
COLORFUL AUTUMN
COYOTE
HIKING
NATIONAL PARK
NORTH CAROLINA
PLANT SPECIES
RIDGE MOUNTAINS
SKUNK
SMOKY
VERTEBRATE SPECIES

GUADALUPE MOUNTAINS #1

K	E	S	P	Z	J	N	K	N	S	I	V	W	V	B	K	L	R
R	C	H	I	H	U	A	H	U	A	N	T	D	E	S	E	R	T
Q	O	U	T	J	N	H	R	M	H	Z	X	I	L	Z	O	R	C
Y	V	L	S	N	I	F	K	H	O	N	U	N	J	L	R	E	D
D	X	F	M	G	P	H	A	V	D	H	V	H	V	X	P	E	R
L	Y	T	C	R	E	O	S	O	T	E	U	B	U	S	H	E	S
D	L	M	K	A	R	N	Y	S	E	X	T	C	S	B	M	D	A
Y	D	R	I	S	S	E	K	N	X	P	V	M	P	A	K	L	L
R	J	I	T	S	S	Y	D	K	A	G	I	Q	C	M	D	R	T
T	V	Y	T	L	N	W	W	S	S	R	J	S	L	F	A	G	L
J	S	V	R	A	H	M	O	U	N	T	A	I	N	S	W	G	F
H	R	D	I	N	Z	E	Q	A	Y	L	K	E	L	S	A	G	L
F	K	V	C	D	U	S	G	H	S	T	X	I	Q	Y	P	G	A
L	V	I	K	G	I	Q	U	M	W	Y	M	H	I	D	E	Y	T
T	B	Z	M	I	G	U	A	D	A	L	U	P	E	D	W	J	S
Q	X	Z	Z	S	P	I	N	Y	O	N	A	P	I	N	E	C	W
L	T	V	C	N	A	T	I	O	N	A	L	C	P	A	R	K	T
I	Q	C	H	D	F	E	J	N	H	B	V	K	D	Q	T	N	B

CHIHUAHUAN DESERT
CREOSOTE BUSHES
GRASSLAND
GUADALUPE
HONEY MESQUITE
JUNIPERS
MCKITTRICK
MOUNTAINS
NATIONAL PARK
PINYON PINE
SALT FLATS
TEXAS

HALEAKALĀ #1

C	R	Y	W	V	R	N	J	B	C	E	X	Z	U	V	K	P	F
F	K	C	H	D	R	A	I	N	F	O	R	E	S	T	P	B	R
K	T	G	W	P	Z	T	A	R	D	I	G	R	A	D	E	K	J
U	K	J	R	P	R	I	K	J	D	Z	F	I	D	U	C	T	V
G	Q	D	E	D	C	O	Y	W	U	D	K	J	V	N	L	C	J
G	P	C	H	K	F	N	J	J	U	D	P	S	N	A	P	U	A
R	Q	O	I	O	H	A	L	E	A	K	A	L	Ā	E	M	U	G
O	R	F	U	T	G	L	K	D	Q	D	Z	B	H	N	U	D	R
D	Q	N	D	Z	U	M	Q	E	T	C	N	U	J	Q	H	E	J
Y	O	P	N	X	N	P	N	E	O	T	O	L	E	Y	J	C	J
N	E	K	P	T	N	A	T	I	V	E	Z	P	L	A	N	T	S
J	S	I	L	V	E	R	S	W	O	R	D	J	E	T	U	C	R
S	P	P	I	G	S	K	Z	Q	H	D	K	A	K	K	D	N	R
Q	N	A	T	U	R	A	L	I	K	V	F	W	L	U	Z	V	H
G	E	H	A	W	A	I	I	D	O	Z	S	F	P	O	G	Z	L
F	A	U	N	A	S	Y	N	A	Z	R	I	H	U	F	M	R	D
A	F	L	O	R	A	J	Y	I	K	U	I	D	U	N	Z	Z	Z
C	O	U	S	N	J	W	C	J	C	F	P	Y	U	K	R	T	P

FAUNA
FLORA
HALEAKALĀ
HAWAII
KIPAHULU
NATIONAL PARK
NATIVE PLANTS
NATURAL
PIGS
RAINFOREST
SILVERSWORD
TARDIGRADE

HAWAI I VOLCANOES #1

X P K M N Q D A F A G B J Q R Q K J
J K R H P S W N S L Y Q D I S K N Q
J W B L K X Y H D C V V I E X T T R
B L B M D E E D B S T L O Z U I U I
K X H I N P S H K Q G S N H I S V K
A U V B J X Z V Q M A U N A E L O A
I Y O L V X W U K S S K A W E A L R
M N U C O O T L S I H C T A A N C Ū
D Z I P L J Y X L T S F I I E D A O
O K V S C C C L Y G C K O I W N N D
W S B H A L E A K A L Ā N A Q I I E
R L G A N I X V V A O L A N I F S S
E H C W O M D A J O U S L X B C M E
A Z O A E A X U R D D M X U E N A R
Q T K I S T S T W K S B P T M K T T
D I K I O E N U K H I L A D C F P G
T L J L P S E B X B U S R I C L B A
U Q B R J G G E S B T R K Z W Q Z N

ASH CLOUDS
CLIMATES
HALEAKALĀ
HAWAII
HAWAIIAN
ISLAND
KA Ū DESERT
LAVA TUBE
MAUNA LOA
NATIONAL PARK
VOLCANISM
VOLCANOES

HOT SPRINGS #1

H	O	T	D	S	P	R	I	N	G	A	Z	R	O	T	P	U	N
R	E	J	E	A	M	K	C	C	S	T	E	D	U	D	I	W	T
W	N	Y	W	M	A	M	W	S	X	A	R	K	A	N	S	A	S
P	M	X	R	D	L	O	P	R	T	O	M	H	C	T	V	R	X
I	U	S	I	R	H	I	S	N	G	Q	L	B	H	N	L	C	P
V	E	J	N	H	O	I	K	A	A	W	E	R	I	O	E	H	Y
W	G	U	Q	J	J	T	B	T	R	L	S	X	T	R	Q	I	N
A	U	N	D	A	Y	R	I	I	L	Y	H	B	A	T	H	T	Y
S	F	V	Z	U	H	H	L	O	A	H	O	V	E	H	N	E	E
Z	S	G	W	A	P	E	L	N	N	H	T	B	M	S	L	C	D
L	A	A	F	S	L	U	D	A	D	S	Z	O	O	A	T	T	L
C	W	F	F	X	D	M	C	L	U	P	S	H	U	M	A	U	I
Z	T	Z	U	Z	E	A	L	Y	C	A	P	O	N	E	T	R	B
D	F	C	W	P	H	T	I	P	O	E	R	O	T	R	M	E	Q
O	H	W	B	N	Z	I	N	A	U	T	I	X	A	I	S	Q	R
H	C	E	S	K	S	S	T	R	N	O	N	Y	I	C	J	S	K
O	C	R	D	O	I	M	O	K	T	W	G	N	N	A	W	K	H
U	W	X	E	Y	R	P	N	D	Y	N	S	Q	N	Z	M	X	U

AL CAPONE
BILL CLINTON
HOT SPRINGS
OUACHITA MOUNTAIN

ARCHITECTURE
GARLAND COUNTY
NATIONAL PARK
RHEUMATISM

ARKANSAS
HOT SPRING
NORTH AMERICA
SPA TOWN

INDIANA DUNES #1

E	X	R	L	E	V	V	C	P	S	H	I	R	T	X	B	M	C
Y	K	P	Y	G	L	A	C	I	A	L	O	L	A	K	E	O	R
A	G	Q	F	T	A	L	U	N	L	A	K	E	S	H	O	R	E
Q	P	F	T	Z	K	P	Q	D	A	K	D	K	A	N	T	A	R
O	P	B	E	T	E	A	L	I	K	E	N	E	L	T	N	I	R
K	R	W	I	L	N	R	E	A	E	Y	A	J	T	C	V	N	E
D	I	P	U	I	M	A	U	N	A	A	T	G	P	H	G	E	S
Q	R	Y	K	V	I	I	K	A	C	L	I	F	C	N	X	J	P
B	Z	X	I	V	C	S	I	H	H	G	O	Z	R	Y	P	X	J
N	I	I	X	T	H	O	M	D	I	O	N	E	E	M	F	G	M
Y	H	D	W	D	I	B	B	U	C	N	A	Q	E	U	U	I	A
X	D	M	X	A	G	A	G	N	A	Q	L	Q	K	U	S	N	I
R	Q	O	S	A	A	L	H	E	G	U	I	N	X	S	K	D	V
X	A	A	Q	N	N	L	W	S	O	I	P	K	J	X	R	I	H
V	U	P	C	C	M	W	J	S	S	N	A	T	I	O	N	A	L
E	A	Z	B	U	W	L	U	U	L	E	R	C	S	H	K	N	I
V	D	H	O	D	H	Y	Y	I	X	A	K	J	M	P	T	A	Z
T	O	Y	H	U	M	A	M	W	K	I	R	H	I	Y	Z	V	Z

GLACIAL LAKE	INDIANA	INDIANA DUNES
LAKESHORE	LAKE ALGONQUIN	LAKE CHICAGO
LAKE MICHIGAN	MORAINE	NATIONAL
NATIONAL PARK	SALT CREEK	VALPARAISO

ISLE ROYALE #1

T	N	A	T	I	O	N	A	L	W	P	A	R	K	H	L	X	M
Y	P	D	D	S	I	J	C	A	N	A	D	A	H	L	Y	N	X
P	V	C	F	L	O	R	A	K	E	M	H	D	B	K	Q	U	W
Z	M	D	A	E	Y	H	Q	E	T	K	G	B	T	X	E	Y	S
S	S	Z	U	J	M	U	D	Q	E	U	K	J	R	I	S	T	T
E	V	C	N	R	S	D	M	S	X	S	I	E	R	J	M	H	X
J	C	D	A	O	L	J	M	U	N	E	S	C	O	V	K	W	J
X	F	A	Y	Y	G	E	O	P	S	A	P	T	A	H	R	I	P
C	D	M	H	A	L	Q	F	E	K	P	S	A	P	G	H	S	D
J	E	J	F	L	R	Y	Q	R	A	M	B	S	B	L	G	V	R
F	Z	K	T	E	H	X	M	I	C	H	I	G	A	N	N	O	V
V	I	X	X	G	W	F	O	O	O	E	Y	U	Y	L	A	Y	I
Z	U	G	M	J	K	G	O	R	Y	I	E	R	M	U	J	P	M
S	Z	T	B	T	T	X	S	Z	O	I	A	C	X	D	J	H	X
A	M	G	E	Q	W	D	E	I	T	Q	Y	R	M	P	V	X	L
W	F	L	X	Q	T	I	M	B	E	R	D	W	O	L	F	N	U
B	W	I	L	D	E	R	N	E	S	S	P	A	R	E	A	L	I
M	B	X	U	T	W	B	G	F	M	D	L	V	K	P	Q	Z	X

CANADA LYNX
COYOTES
FAUNA
FLORA
ISLE ROYALE
LAKE SUPERIOR
MICHIGAN
MOOSE
NATIONAL PARK
TIMBER WOLF
UNESCO
WILDERNESS AREA

JOSHUA TREE #1

Z	T	B	L	Z	L	D	A	T	I	Q	K	U	L	L	U	B	G
X	B	I	J	X	Z	D	I	U	P	L	K	P	F	L	E	C	S
O	N	V	V	T	Y	Z	R	C	R	Z	K	N	N	W	V	W	Q
C	H	V	C	X	U	U	E	V	H	W	X	Z	O	X	C	Q	L
I	N	I	F	T	C	X	H	L	Z	W	Y	W	J	X	M	X	B
V	A	H	S	U	C	J	D	U	C	G	X	O	R	V	C	U	Q
S	T	K	S	T	A	Y	O	S	R	Y	A	F	O	X	H	V	Q
P	I	Ñ	O	N	Q	P	I	N	E	P	S	Q	C	V	Q	Y	T
B	O	F	I	O	B	W	Y	F	O	S	K	C	K	S	Q	V	D
E	N	D	M	N	R	G	J	O	S	H	U	A	E	T	R	E	E
D	A	G	N	L	E	S	U	R	O	R	L	L	C	A	S	G	S
A	L	X	V	F	V	H	V	E	T	U	L	I	L	X	D	E	E
X	T	Q	F	Y	I	A	E	S	E	B	F	F	I	I	X	T	R
U	P	O	J	O	F	V	V	T	G	L	R	O	M	N	E	A	T
L	A	B	R	B	O	T	I	H	B	A	O	R	B	Z	W	T	E
C	R	V	Y	J	L	U	W	S	U	N	C	N	I	T	B	I	Q
T	K	S	H	F	I	O	C	X	S	D	K	I	N	K	Y	O	I
Z	Z	R	B	V	A	O	W	X	H	C	U	A	G	P	M	N	Y

CALIFORNIA
CREOSOTE BUSH
DESERT
FOREST
JOSHUA TREE
NATIONAL PARK
PIÑON PINE
ROCK CLIMBING
SHRUBLAND
SKULL ROCK
VEGETATION
YUCCA BREVIFOLIA

KATMAI #1

A	X	U	A	N	N	A	T	I	O	N	A	L	T	P	A	R	K
C	O	W	O	K	N	C	Q	J	L	O	E	W	G	G	N	M	G
Y	O	B	Y	K	S	M	P	D	A	Q	D	I	A	I	C	X	G
Z	I	K	S	L	W	K	G	R	X	X	A	L	L	X	H	N	R
E	Y	B	N	M	U	Z	R	K	H	I	U	D	A	S	O	M	A
C	K	Y	R	H	R	I	I	U	V	P	R	E	S	E	R	V	E
F	F	N	E	N	Q	C	Z	U	O	T	P	R	K	D	A	A	P
S	K	Y	E	I	C	A	Z	B	L	W	J	N	A	G	G	L	L
E	R	T	V	B	H	G	L	W	C	H	N	E	J	E	E	L	D
P	A	C	I	D	D	P	Y	H	A	C	U	S	F	E	V	E	M
P	Z	D	Q	P	F	F	J	N	N	K	C	S	D	I	C	Y	C
X	L	R	U	T	K	Z	B	R	O	W	N	O	B	E	A	R	S
P	T	X	Z	K	T	H	E	K	E	P	K	A	T	M	A	I	E
B	O	H	M	U	U	I	A	J	S	F	W	R	D	D	U	Q	W
L	Y	E	N	R	Z	A	R	S	V	L	W	E	N	Y	R	R	X
Q	G	V	O	D	J	S	T	N	N	O	V	A	R	U	P	T	A
O	L	N	J	N	Y	F	V	J	W	Q	I	T	O	G	B	B	N
I	E	L	W	V	J	I	J	U	K	M	U	N	R	S	W	Z	T

ALASKA	ANCHORAGE	BROWN BEARS
GRIZZLY BEAR	KATMAI	NATIONAL PARK
NOVARUPTA	PRESERVE	SEDGE
VALLEY	VOLCANOES	WILDERNESS AREA

KENAI FJORDS #1

K	I	L	L	E	R	Y	W	H	A	L	E	S	R	E	N	P	R
R	M	D	J	V	U	Z	E	X	Q	O	A	E	B	E	O	I	F
S	D	G	L	M	Z	I	M	V	U	P	T	H	W	B	Y	E	T
E	L	Z	G	U	H	C	N	P	F	S	Y	J	Y	M	K	A	A
V	D	O	Q	C	B	C	Z	P	E	F	X	F	B	F	Z	A	Q
N	X	M	W	Z	A	P	M	L	Y	G	U	B	A	B	Y	I	A
B	Q	W	W	X	C	I	O	R	Z	Y	G	V	V	D	I	H	W
E	F	U	D	H	R	K	D	H	K	P	O	N	F	O	S	T	M
I	Y	S	E	W	A	R	D	G	A	K	Y	U	T	W	B	C	Z
X	F	E	X	I	T	Q	G	L	A	C	I	E	R	F	Y	U	O
F	N	A	T	I	O	N	A	L	N	P	A	R	K	S	S	U	M
H	G	H	R	U	S	O	B	T	H	L	A	F	R	N	G	V	V
D	Y	O	P	G	U	C	G	V	R	F	I	A	I	A	L	I	K
N	Y	T	O	K	B	M	N	E	N	F	G	L	A	C	I	E	R
B	X	T	I	B	L	A	C	K	F	B	E	A	R	S	S	D	K
P	K	E	N	A	I	R	F	J	O	R	D	S	L	Y	T	L	V
H	A	R	B	O	R	S	S	E	A	L	S	K	P	W	G	D	Q
P	C	S	Z	Z	R	I	H	U	M	P	B	A	C	K	R	D	O

AIALIK	ALASKA	BLACK BEARS
EXIT GLACIER	GLACIER	HARBOR SEALS
HUMPBACK	KENAI FJORDS	KILLER WHALES
NATIONAL PARK	SEA OTTERS	SEWARD

KINGS CANYON #1

J	L	Z	P	D	A	I	T	R	T	Q	G	I	V	U	C	K	A
S	L	D	R	O	K	C	Q	P	F	D	L	U	S	O	K	M	T
W	V	P	A	W	Z	U	M	D	X	P	A	R	A	D	I	S	E
J	T	G	O	M	M	G	S	G	Q	K	C	J	N	U	N	E	H
Q	F	X	D	W	B	W	Z	I	B	Y	I	E	R	C	G	Q	I
B	E	B	D	U	E	F	V	A	L	L	E	Y	J	S	S	U	P
A	I	U	E	S	N	S	K	N	M	X	R	Y	O	K	D	O	I
W	C	B	S	Y	M	W	H	T	R	E	E	S	A	B	O	I	T
N	A	T	I	O	N	A	L	X	P	A	R	K	Q	N	V	A	E
T	L	G	O	K	M	H	Z	S	P	Z	S	T	U	Z	H	E	E
U	I	K	H	H	T	X	F	E	A	F	A	L	I	W	R	J	V
T	F	Y	P	L	S	K	N	Q	O	K	F	W	N	S	J	M	A
O	O	X	M	R	X	Z	L	U	S	V	C	I	S	U	B	S	L
Q	R	A	R	X	W	D	L	O	A	Y	Z	E	R	Z	I	Q	L
W	N	T	B	P	Z	S	Y	I	B	R	X	G	I	L	G	Y	E
Y	I	X	B	J	S	I	C	A	N	Y	O	N	V	M	V	T	Y
I	A	E	A	Z	E	D	T	U	K	L	H	A	E	N	A	V	Q
J	O	W	B	S	A	Z	O	O	K	B	U	M	R	V	G	E	X

CALIFORNIA	CANYON	GIANT SEQUOIA
GLACIER	KINGS	NATIONAL PARK
PARADISE	SAN JOAQUIN RIVER	SEQUOIA
TEHIPITE VALLEY	TREES	VALLEY

KOBUK VALLEY #1

S	N	S	A	Y	C	B	L	A	C	K	O	B	E	A	R	S	S
J	M	C	X	I	D	R	N	F	P	V	B	C	D	X	A	F	P
F	H	E	B	F	K	O	B	U	K	Z	V	A	L	L	E	Y	G
C	J	H	W	W	Z	W	E	E	T	F	A	R	C	T	I	C	I
J	I	L	B	S	V	N	A	N	L	T	L	I	V	N	D	A	N
A	A	Q	M	X	B	X	V	N	F	H	A	B	U	A	K	N	J
Z	M	K	G	H	S	B	E	D	T	P	S	O	A	T	D	A	D
W	Z	T	T	J	B	E	R	W	U	A	K	U	D	I	O	D	X
Y	N	C	L	M	S	A	S	P	U	S	A	L	M	O	N	I	F
C	Q	R	I	V	E	R	E	O	T	T	E	R	S	N	W	A	J
F	F	M	M	O	O	S	E	E	D	J	J	K	P	A	I	N	A
M	Q	T	C	U	E	M	O	E	E	Z	Q	J	J	L	Y	L	J
P	C	U	L	W	H	W	S	N	I	D	Z	U	M	Y	E	L	Q
G	A	B	T	E	I	T	K	P	M	U	N	K	B	P	Q	Y	A
K	V	L	N	F	I	Y	P	Y	A	J	J	P	Z	A	O	N	X
R	S	U	H	I	Y	N	G	B	R	U	H	M	K	R	P	X	Y
N	D	B	Q	Y	L	I	U	N	C	J	I	B	A	K	O	E	Y
R	A	D	N	R	D	Z	M	I	Y	V	L	P	T	L	H	S	M

ALASKA
ARCTIC
BEAVERS
BLACK BEARS
BROWN BEARS
CANADIAN LYNXES
CARIBOU
KOBUK VALLEY
MOOSE
NATIONAL PARK
RIVER OTTERS
SALMON

LAKE CLARK #1

O	D	F	D	F	Q	E	O	R	X	L	I	I	B	X	U	V	U
L	S	O	C	K	E	Y	E	O	S	A	L	M	O	N	C	B	W
H	O	P	R	A	T	W	Y	C	T	N	V	D	R	X	F	X	B
A	K	V	E	T	O	K	D	B	G	D	S	B	E	J	Z	I	W
T	I	K	S	M	A	R	D	Y	S	S	R	D	A	C	B	C	I
R	F	Z	C	A	B	B	B	O	D	C	I	K	L	A	V	N	R
X	F	K	E	I	E	F	Y	N	Y	A	Q	U	V	N	T	A	E
O	W	G	N	T	I	F	N	I	X	P	L	N	F	A	I	T	M
D	X	A	T	Y	V	M	B	O	Q	E	V	L	O	D	M	I	O
K	S	X	S	X	C	I	R	T	K	S	C	A	R	I	B	O	U
P	U	A	L	Y	M	B	T	C	M	S	D	K	E	A	E	N	N
T	F	U	A	K	S	N	B	U	E	Z	O	E	S	N	R	A	T
Q	M	F	K	O	P	L	I	K	D	A	X	F	T	I	G	L	A
Z	R	C	E	A	O	U	J	I	Z	J	Y	C	D	L	W	Q	I
E	J	P	D	W	M	J	M	C	P	A	M	L	T	Y	O	P	N
Y	B	Y	C	B	R	O	W	N	P	B	E	A	R	N	L	A	S
S	Y	E	V	Z	S	C	R	P	V	K	O	R	K	X	F	R	O
F	I	R	X	M	J	C	E	N	G	V	E	K	Q	L	T	K	I

BOREAL FOREST
BROWN BEAR
CANADIAN LYNX
CARIBOU
CRESCENT LAKE
KATMAI
LAKE CLARK
LANDSCAPES
MOUNTAINS
NATIONAL PARK
SOCKEYE SALMON
TIMBER WOLF

LASSEN VOLCANIC #1

T	P	B	Q	Y	B	C	X	J	C	G	M	P	F	V	A	G	V
K	N	S	Y	M	G	H	Q	D	D	H	O	V	Q	K	R	G	A
T	T	Z	G	L	I	W	F	W	U	V	S	E	Y	B	I	N	B
X	K	X	F	U	O	X	J	X	N	W	D	R	A	I	P	V	Z
S	M	V	B	R	O	W	N	K	C	R	E	E	P	E	R	X	F
U	H	C	L	E	F	M	C	O	E	G	V	U	F	C	P	Y	F
C	M	R	A	M	N	A	C	A	L	I	F	O	R	N	I	A	A
G	Y	D	C	T	V	R	H	N	M	C	O	B	R	W	D	B	I
C	P	G	K	N	A	T	I	O	N	A	L	K	P	A	R	K	G
P	Q	Y	Z	Y	I	E	P	A	F	L	B	D	A	U	O	V	A
W	C	N	B	H	Q	N	M	U	L	E	Y	D	E	E	R	C	L
R	O	W	E	U	G	R	U	E	C	P	U	H	Q	I	K	P	C
T	U	L	A	S	S	E	N	Z	F	M	U	S	J	N	Q	K	E
Y	G	Q	R	Y	A	D	K	L	M	E	M	J	C	Z	G	I	X
L	A	S	S	E	N	V	P	E	A	K	L	C	R	G	Y	K	I
Z	R	Y	U	T	Z	F	M	H	C	U	V	E	N	I	Y	A	G
Z	M	V	W	A	V	O	L	C	A	N	I	C	V	F	L	Y	N
T	D	R	B	D	O	X	U	W	W	I	X	F	Q	V	B	I	T

BLACK BEAR	BROWN CREEPER	CALIFORNIA
CHIPMUNK	COUGAR	LASSEN
LASSEN PEAK	MARTEN	MULE DEER
NATIONAL PARK	RED FOX	VOLCANIC

MAMMOTH CAVE #1

K	Y	G	A	F	L	D	H	B	T	A	P	D	U	I	B	S	A
W	O	G	J	O	G	L	H	L	W	R	M	O	T	V	X	V	Q
J	G	G	F	R	A	U	N	K	H	B	A	T	S	S	C	R	J
K	N	N	G	E	E	M	B	G	V	I	L	A	M	S	S	D	B
L	V	I	M	S	H	E	O	R	Q	G	Z	A	T	O	K	A	E
Q	Q	N	A	T	I	O	N	A	L	F	P	A	R	K	R	Q	H
F	F	D	M	D	C	U	Z	Y	O	B	V	V	A	E	H	R	C
U	T	I	M	V	K	G	I	W	N	R	Y	I	V	N	R	F	U
O	C	A	O	F	O	Z	N	B	G	O	Q	U	E	T	W	D	D
T	T	N	T	X	R	M	I	A	E	W	M	O	R	U	I	P	J
T	N	A	H	F	Y	J	V	T	S	N	N	Q	T	C	T	F	E
K	N	H	Y	O	T	R	Q	C	T	O	P	B	I	K	Y	K	O
A	O	B	C	X	R	K	N	T	A	B	P	A	N	Y	Q	Y	E
D	A	A	A	B	G	S	Z	H	C	A	E	Z	E	E	D	F	B
I	S	T	V	T	Y	J	T	M	A	T	L	I	Z	S	O	M	Y
E	U	U	E	F	Z	D	C	F	V	S	H	Z	Z	V	N	A	H
U	E	T	S	S	Y	N	F	F	E	L	R	C	D	O	G	H	D
L	A	S	I	U	R	U	S	L	B	O	R	E	A	L	I	S	S

BATS
GRAY BAT
KENTUCKY
MAMMOTH CAVE

BIG BROWN BAT
HICKORY
LASIURUS BOREALIS
NATIONAL PARK

FOREST
INDIANA BAT
LONGEST CAVE
TRAVERTINE

MESA VERDE #1

V	E	V	H	G	U	I	E	D	K	V	D	Z	F	M	M	X	A
Q	A	X	O	S	F	U	Z	A	H	O	R	M	R	W	K	Z	K
K	G	L	Q	E	W	X	Y	X	N	G	F	B	U	I	K	M	Y
P	H	L	Q	N	H	U	M	U	G	S	C	E	M	A	V	A	X
X	Z	W	B	R	U	H	F	F	J	P	T	Q	R	R	M	W	N
O	T	T	D	V	R	B	Q	C	M	A	B	R	G	O	C	O	A
S	N	Q	R	J	H	B	C	O	O	L	A	J	M	X	S	L	T
S	T	D	E	A	B	R	K	C	U	E	S	T	A	M	M	U	I
O	W	J	L	C	T	D	X	O	N	O	K	U	N	E	S	C	O
I	N	N	P	A	Y	S	K	L	T	A	E	U	C	S	A	Y	N
G	H	Q	J	B	C	F	L	O	A	I	T	V	O	A	N	Q	A
N	Z	W	K	S	R	J	A	R	I	N	M	Y	S	H	I	P	L
C	Y	M	K	J	O	O	Y	A	N	D	A	P	P	V	J	E	S
W	V	O	Z	A	A	U	V	D	S	I	K	U	S	E	U	A	P
W	C	P	I	W	T	D	J	O	E	A	E	R	H	R	A	B	A
Q	C	Y	L	Q	O	H	P	P	J	N	R	A	A	D	N	O	R
Y	O	Z	U	V	R	Q	I	V	R	S	J	P	L	E	Z	D	K
C	L	O	V	I	S	T	C	U	L	T	U	R	E	M	X	Y	I

BASKETMAKER
CUESTA
MESA VERDE
PALEO INDIANS

CLOVIS CULTURE
LUCY PEABODY
MOUNTAINS
SAN JUAN

COLORADO
MANCOS SHALE
NATIONAL PARK
UNESCO

MOUNT RAINIER #1

F	B	J	P	Q	M	C	A	V	Q	H	F	J	C	Q	S	J	W
E	K	J	G	P	J	I	M	A	R	M	O	T	E	I	D	I	G
T	W	Z	U	P	R	E	O	S	H	O	A	V	K	C	X	A	F
F	T	P	W	G	S	K	U	N	K	L	R	K	Z	R	F	V	G
T	E	G	P	O	S	T	N	R	J	E	L	A	D	T	L	N	D
K	Z	E	X	R	H	U	T	T	H	H	P	Q	H	E	V	Q	X
X	Z	O	E	L	R	A	I	D	F	F	B	V	N	O	L	J	L
L	N	S	E	D	E	E	R	N	U	Z	F	S	J	M	N	G	F
Q	I	K	M	F	W	Z	A	P	M	B	F	C	W	N	A	I	U
K	O	V	R	D	C	P	I	K	A	L	N	K	Z	X	R	V	H
O	M	W	F	P	A	G	N	N	A	M	T	J	Z	H	A	C	K
Y	G	J	T	W	C	E	I	G	E	D	X	N	V	B	I	G	W
K	B	J	S	V	A	D	E	B	A	E	O	E	K	B	D	T	J
B	G	Q	N	E	F	S	R	E	D	K	F	O	X	W	Z	Y	O
X	E	F	N	Y	B	A	M	A	R	T	E	N	Z	S	Q	I	Z
B	H	L	G	V	E	O	V	V	X	F	W	M	K	B	F	R	D
M	F	Z	D	X	V	P	W	E	L	K	I	D	S	M	N	O	I
P	N	J	C	S	V	P	O	R	C	U	P	I	N	E	E	L	R

BEAVER	DEER	ELK
MARMOT	MARTEN	MOLE
MOUNT RAINIER	PIKA	PORCUPINE
RED FOX	SHREW	SKUNK

NORTH CASCADES #1

U	I	S	V	Y	H	H	O	Q	W	S	L	A	Z	P	N	R	N
R	C	M	U	Q	J	H	Q	J	J	W	M	V	H	W	A	I	Q
B	N	Y	A	R	I	H	I	G	I	B	O	B	C	A	T	W	A
N	Q	Q	T	W	I	K	P	Q	P	F	U	M	O	S	I	A	U
F	G	O	Q	R	B	E	M	I	L	Y	N	X	U	H	O	Z	W
M	T	Z	G	I	N	X	V	W	X	E	T	F	G	I	N	H	Z
D	E	O	G	Y	L	I	R	U	B	R	A	O	A	N	A	R	F
V	T	W	R	T	R	K	W	Z	U	D	I	N	R	G	L	B	P
A	N	M	N	Z	Q	R	K	X	K	N	N	F	P	T	P	M	A
Z	P	K	J	C	X	M	D	T	E	N	G	F	O	O	P	F	V
I	U	P	B	X	E	C	C	D	M	C	G	K	I	N	A	N	Z
C	I	V	T	A	C	A	R	N	I	V	O	R	E	S	R	B	E
G	U	V	Z	L	O	S	I	O	N	T	A	L	H	J	K	R	Z
G	T	F	X	G	Y	C	V	R	K	J	T	N	O	R	S	T	F
E	F	X	Q	D	O	A	E	T	V	Q	S	P	G	R	Z	G	Z
Z	N	S	C	G	T	D	R	H	E	M	N	N	G	Q	C	G	P
F	E	U	X	U	E	E	C	Z	U	O	C	H	P	H	Q	Y	G
U	B	G	K	R	C	S	Q	T	G	S	P	B	F	R	I	Z	J

BOBCAT
COUGAR
MINK
NORTH
CARNIVORES
COYOTE
MOUNTAIN GOATS
RIVER
CASCADES
LYNX
NATIONAL PARK
WASHINGTON

OLYMPIC #1

M	V	H	T	I	J	C	W	N	D	L	Y	A	V	W	U	U	W
C	G	R	S	R	C	O	Y	O	T	E	S	N	S	S	X	J	P
D	J	E	B	L	A	C	K	W	B	E	A	R	S	D	E	Y	M
I	I	A	Y	B	N	U	Q	G	V	A	C	I	P	T	C	S	C
R	K	L	A	Q	A	F	E	G	U	U	Q	P	G	N	D	L	X
J	K	V	R	E	D	O	F	O	X	E	S	Z	K	U	S	X	Y
P	R	N	P	R	I	V	E	R	N	O	T	T	E	R	S	V	B
R	U	Z	R	M	A	W	J	E	U	Q	Y	A	J	O	F	H	R
F	X	W	X	N	N	G	T	H	R	Z	T	N	G	W	V	A	W
J	U	K	L	C	B	W	S	Y	G	U	A	P	Z	H	V	U	I
Z	U	K	U	M	L	U	U	R	V	X	V	Q	B	W	D	B	P
B	P	E	B	R	Y	G	K	F	M	A	R	T	E	N	S	T	M
R	I	M	O	U	N	T	A	I	N	Y	G	O	A	T	S	M	J
K	T	H	B	G	X	G	A	S	K	S	I	Q	V	C	A	K	Z
H	Z	M	C	X	E	C	W	H	F	S	V	T	E	A	L	S	Y
Z	J	N	A	M	S	M	X	E	M	U	S	K	R	A	T	S	V
S	Q	N	T	X	N	C	E	R	M	O	L	E	S	H	P	U	C
K	N	D	S	L	P	A	G	S	D	T	B	G	C	I	Y	L	T

BEAVERS
BLACK BEARS
BOBCATS
CANADIAN LYNXES
COYOTES
FISHERS
MARTENS
MOLES
MOUNTAIN GOATS
MUSKRATS
RED FOXES
RIVER OTTERS

PETRIFIED FOREST #1

X	L	V	W	A	H	C	M	F	Y	N	N	K	S	G	E	S	W
P	Y	P	A	Q	J	A	C	K	R	A	B	B	I	T	S	Q	B
W	Q	I	V	E	H	R	O	R	G	E	U	O	W	G	D	F	I
D	W	J	H	Y	R	I	Y	I	A	U	L	B	B	M	N	Y	L
Y	Z	Q	A	J	M	Z	O	W	N	Z	L	C	L	U	N	X	G
L	D	G	R	F	T	O	T	G	N	B	S	A	A	L	U	G	L
E	C	V	E	N	Y	N	E	I	A	P	N	T	C	A	Z	M	L
H	D	E	M	Y	G	A	S	F	T	E	A	S	K	Y	A	G	N
X	E	T	W	T	A	S	C	J	I	T	K	S	I	M	J	Z	M
F	P	Y	Y	K	I	B	H	F	O	R	E	S	T	G	Y	W	J
G	S	R	T	M	G	M	T	O	N	I	S	F	A	Q	N	O	Q
Q	S	Q	P	F	O	X	E	S	A	F	G	N	I	V	O	J	I
W	J	Y	K	M	Q	C	X	S	L	I	Z	K	L	U	W	Q	X
J	R	I	Z	G	O	N	H	I	U	E	X	D	E	Q	Y	Z	A
H	D	W	K	N	A	S	P	L	P	D	R	G	D	H	S	Z	V
C	U	F	H	D	Z	K	V	S	A	Q	T	G	A	L	V	R	G
X	W	X	X	F	C	C	X	P	R	O	N	G	H	O	R	N	S
C	C	H	D	N	I	J	O	N	K	O	J	K	O	O	Z	B	O

ARIZONA
BLACK TAILED
BOBCATS
BULLSNAKES
COYOTES
FOREST
FOSSILS
FOXES
JACKRABBITS
NATIONAL PARK
PETRIFIED
PRONGHORNS

PINNACLES #1

A	V	Q	V	J	F	H	H	P	Y	J	Q	C	O	Y	O	T	E
B	D	F	H	N	T	Z	R	X	R	U	C	O	W	V	Y	R	A
Q	X	V	E	Z	C	D	Z	X	I	H	B	N	L	O	T	X	M
D	R	B	F	Z	R	U	N	M	G	B	E	D	V	T	V	R	W
Y	D	P	I	N	N	A	C	L	E	S	B	O	B	C	A	T	J
L	E	R	B	A	I	P	P	S	B	K	E	R	E	A	L	C	Q
F	S	A	L	I	N	A	S	I	T	U	Q	G	W	L	L	T	A
Y	Z	I	K	H	Q	C	A	Z	K	N	X	I	Y	I	E	S	S
V	L	R	R	V	N	G	C	F	Z	K	Y	X	P	F	Y	G	A
L	X	I	E	M	X	V	Y	Q	C	W	O	W	K	O	A	Q	C
M	C	E	E	O	C	B	N	N	F	D	E	A	K	R	F	K	E
X	J	J	U	Z	O	W	M	Y	B	N	F	Q	J	N	Z	D	R
C	W	F	T	H	T	Z	W	X	Q	L	V	O	Z	I	O	O	Y
W	C	A	L	I	F	O	R	N	I	A	O	Q	U	A	I	L	A
F	M	L	F	D	S	U	P	B	H	I	N	G	D	E	M	K	Y
G	P	C	P	Z	Y	P	X	U	T	M	Y	M	X	P	Z	J	L
K	Z	O	V	F	O	F	L	I	M	I	J	G	M	L	A	I	J
O	X	N	A	T	I	O	N	A	L	G	P	A	R	K	O	V	L

BOBCAT
CONDOR
OWL
SALINAS

CALIFORNIA
COYOTE
PINNACLES
SKUNK

CALIFORNIA QUAIL
NATIONAL PARK
PRAIRIE FALCON
VALLEY

REDWOOD #1

H	J	N	T	I	S	K	H	B	L	A	C	K	M	B	E	A	R
Q	J	R	U	M	R	I	V	E	R	T	O	T	T	E	R	M	N
U	T	Y	H	E	E	O	A	A	H	I	C	E	D	L	D	H	Y
K	F	A	L	T	D	Y	R	V	B	C	K	E	B	K	F	H	C
Q	A	H	N	D	W	E	S	E	A	N	L	I	O	N	S	J	Y
Z	Q	B	L	M	O	F	U	R	L	L	A	L	B	A	W	J	O
G	J	G	I	C	O	U	G	A	R	P	M	C	C	T	K	I	J
Q	O	N	X	A	D	O	W	M	R	T	A	L	A	I	P	E	A
S	T	X	A	L	V	G	O	L	R	Y	T	Y	T	O	D	C	G
N	E	Z	Y	I	G	Q	G	S	M	A	H	D	Y	N	E	Z	V
U	K	T	Q	F	Z	R	Q	A	O	X	R	M	M	A	R	A	U
U	Q	Z	C	O	Y	O	T	E	P	U	R	Q	Z	L	I	A	R
S	T	S	I	R	D	D	C	U	E	S	I	D	G	V	D	N	D
M	W	V	C	N	Q	G	U	N	P	V	V	Z	E	P	U	M	S
Y	B	N	V	I	L	D	Y	Z	I	L	E	J	R	A	V	G	Y
F	E	X	L	A	P	O	N	O	L	U	R	D	Y	R	O	K	A
G	W	X	R	O	Z	M	S	O	J	O	O	M	V	K	G	D	F
E	J	N	Y	Z	G	O	Q	F	W	H	Y	E	B	B	Q	B	J

BEAVER	BLACK BEAR	BOBCAT
CALIFORNIA	COUGAR	COYOTE
ELK	KLAMATH RIVER	NATIONAL PARK
REDWOOD	RIVER OTTER	SEA LIONS

ROCKY MOUNTAIN #1

I	I	Y	Q	J	N	L	Y	S	R	R	P	Z	E	V	F	M	W
M	R	B	E	A	S	T	K	W	U	K	N	Z	E	O	V	E	D
Y	J	T	G	G	W	W	V	I	R	M	J	H	X	W	Q	X	Q
G	Q	I	E	V	D	Y	Y	L	Q	J	Y	V	W	I	Q	X	Q
K	I	J	Q	E	I	P	M	E	P	X	M	G	M	N	R	X	M
B	B	K	A	X	H	U	U	N	E	S	C	O	D	X	Z	C	S
T	D	M	B	F	S	U	B	A	L	P	I	N	E	K	C	A	T
B	X	W	B	A	J	A	Z	T	U	N	D	R	A	O	Z	Z	B
B	D	F	A	I	A	L	P	I	N	E	Q	T	U	N	D	R	A
K	B	S	D	X	M	I	M	O	N	T	A	N	E	H	Y	Q	L
U	Z	C	L	H	T	C	O	N	I	F	E	R	J	V	X	L	W
F	J	S	H	B	T	Z	J	A	N	I	M	A	L	B	E	J	P
H	U	C	T	D	O	U	G	L	A	S	D	F	I	R	T	K	Z
P	B	B	R	O	C	K	Y	U	M	O	U	N	T	A	I	N	E
U	V	T	E	S	K	P	R	P	Z	O	X	S	L	F	Q	S	U
Z	H	I	W	Q	J	G	R	A	N	D	I	L	A	K	E	L	H
O	B	F	J	I	O	R	L	R	I	P	A	R	I	A	N	Q	Q
I	V	Z	I	G	F	E	M	K	U	Q	O	L	A	I	U	N	W

ALPINE TUNDRA	ANIMAL	CONIFER
DOUGLAS FIR	GRAND LAKE	MONTANE
NATIONAL PARK	RIPARIAN	ROCKY MOUNTAIN
SUBALPINE	TUNDRA	UNESCO

SAGUARO #1

W	H	I	T	E	Y	T	A	I	L	E	D	W	D	E	E	R	W
E	E	S	U	X	O	U	Q	B	Q	N	H	V	T	A	U	Q	C
Y	P	N	B	C	O	V	B	K	B	A	T	H	U	D	C	V	N
A	A	O	I	R	Q	Z	A	Y	W	W	G	M	M	L	S	E	Z
F	X	B	S	U	X	P	Y	Z	Z	X	V	A	V	S	Y	W	E
J	E	Y	I	X	X	L	F	T	Y	O	M	F	D	W	P	Y	N
U	G	T	V	Q	M	S	U	M	A	Z	L	B	Q	O	L	D	B
Q	R	S	R	O	A	D	R	U	N	N	E	R	S	U	N	B	U
N	A	U	M	A	F	R	A	L	O	X	K	N	S	Q	J	R	P
J	Y	W	Y	Y	J	A	V	E	L	I	N	A	S	K	N	A	O
P	N	W	J	N	S	F	M	E	F	F	O	R	L	E	A	S	Q
S	F	V	B	M	G	O	C	D	W	U	E	I	E	C	B	X	H
C	O	Y	O	T	E	S	O	E	G	Y	B	Z	E	Y	W	Z	B
I	X	Y	B	V	H	E	O	E	G	F	Z	O	X	U	N	O	X
B	E	A	C	O	U	G	A	R	S	H	E	N	C	M	V	V	M
N	S	P	A	R	K	D	M	R	B	M	G	A	A	Q	W	D	N
F	N	A	T	I	O	N	A	L	O	P	A	R	K	I	X	K	S
I	A	P	S	A	G	U	A	R	O	W	U	A	L	U	Z	F	Y

ARIZONA
BOBCATS
COUGARS
COYOTES
GRAY FOXES
JAVELINAS
MULE DEER
NATIONAL PARK
PARK
ROADRUNNERS
SAGUARO
WHITE TAILED DEER

SEQUOIA #1

O	J	U	C	E	F	W	M	H	E	D	I	I	Y	L	E	S	S
J	W	F	A	E	V	F	I	H	A	E	M	N	T	D	U	X	C
B	S	S	W	X	G	G	S	R	Y	C	Z	W	D	C	G	S	K
N	E	O	A	Z	T	B	Y	C	D	Y	F	B	M	E	I	J	E
J	L	B	E	Z	Q	A	Z	N	A	K	Z	K	M	V	A	S	P
I	B	C	D	T	I	V	A	A	L	V	J	H	F	N	N	X	K
U	K	C	I	O	Q	V	D	F	P	I	G	Z	T	A	T	S	N
M	D	A	V	K	B	C	A	Y	I	U	T	Z	U	T	X	H	Q
R	O	M	T	O	H	A	U	U	N	Q	C	O	N	I	F	E	R
N	G	P	W	P	E	L	V	A	E	V	M	E	N	O	O	R	E
W	I	G	R	A	N	I	T	E	R	D	O	M	E	N	R	M	W
P	J	R	F	H	H	F	I	U	T	A	R	M	L	A	E	A	H
Y	S	O	P	Z	C	O	X	T	U	X	O	A	K	L	S	N	B
C	S	U	L	F	S	R	P	A	N	S	F	P	L	V	T	T	V
I	Y	N	Y	A	F	N	F	E	D	N	R	P	O	P	M	T	R
V	C	D	F	L	D	I	K	Z	R	E	O	K	G	A	V	R	W
D	G	S	G	L	G	A	F	K	A	Y	C	P	U	R	Y	E	W
A	Q	D	G	S	E	Q	U	O	I	A	K	A	F	K	P	E	W

ALPINE TUNDRA
CALIFORNIA
CAMPGROUNDS
CONIFER
GIANT FOREST
GRANITE DOME
MORO ROCK
NATIONAL PARK
SEQUOIA
SHERMAN TREE
TOKOPAH FALLS
TUNNEL LOG

SHENANDOAH #1

V	F	D	W	Z	W	Z	R	O	S	E	X	R	I	V	E	R	B
W	F	F	B	L	M	Z	A	W	H	A	W	K	S	B	I	L	L
M	Z	V	H	L	O	S	T	E	E	K	D	A	O	D	W	H	A
K	U	U	H	M	W	F	T	M	N	Q	V	N	X	C	F	Q	C
K	E	S	N	E	R	D	L	C	A	S	C	A	D	E	O	Y	K
U	D	V	B	T	U	U	E	V	N	U	A	T	E	W	V	T	N
T	X	A	H	V	V	K	S	H	D	S	N	I	R	T	Z	O	B
E	S	I	A	E	I	S	N	R	O	L	Y	O	C	F	W	T	E
Y	M	Z	A	A	R	L	A	Y	A	E	O	N	F	A	T	O	A
S	D	W	Q	U	G	Z	K	M	H	E	N	A	T	N	T	K	R
N	Y	Y	W	H	I	T	E	O	A	K	R	L	Q	W	V	I	S
C	B	V	J	R	N	L	Q	U	J	D	L	S	I	G	N	K	U
Z	D	V	Z	I	I	R	S	N	W	T	I	P	P	N	N	O	U
L	C	C	E	V	A	I	E	T	F	E	Z	A	V	E	C	A	U
F	R	I	V	E	R	D	F	A	L	L	S	R	R	V	P	Y	G
X	U	S	S	J	M	L	H	I	H	N	I	K	Z	F	R	K	D
V	S	X	R	G	R	D	D	N	P	W	P	P	I	A	Z	I	H
F	O	K	B	S	U	M	H	V	N	Y	K	I	B	R	Z	X	I

BLACK BEARS	CANYON	CASCADE
HAWKSBILL	MOUNTAIN	NATIONAL PARK
RATTLESNAKE	RIVER FALLS	ROSE RIVER
SHENANDOAH	VIRGINIA	WHITEOAK

THEODORE ROOSEVELT #1

B	Q	D	S	U	N	J	H	P	L	Q	I	B	A	E	Q	I	N
V	I	X	K	A	K	S	F	L	B	H	Y	V	A	U	L	M	B
A	G	G	C	A	C	F	O	R	E	S	T	D	L	J	I	Q	U
V	Q	P	S	G	P	E	C	E	J	Q	B	T	K	D	B	I	E
Q	S	H	V	X	V	R	O	O	S	E	V	E	L	T	R	R	L
M	I	A	Q	I	N	A	T	I	O	N	A	L	E	P	A	R	K
X	A	T	T	L	L	L	T	F	T	M	X	T	H	U	R	Y	H
E	A	K	V	Q	Z	U	H	O	H	H	P	H	D	S	I	A	O
W	T	X	A	N	K	H	I	G	E	S	J	E	H	M	T	U	R
M	B	K	J	Z	P	O	C	R	O	S	S	H	C	A	B	I	N
I	D	M	U	O	Z	R	B	A	D	T	P	B	W	L	T	Q	U
U	N	T	X	S	O	S	R	I	O	D	U	A	Y	T	J	W	R
U	S	N	V	H	D	E	X	N	R	W	G	D	M	E	E	H	A
L	K	L	I	C	Y	S	Q	B	E	M	Q	L	O	S	Q	L	N
H	O	O	D	O	O	F	R	O	C	K	E	A	S	E	X	Z	C
V	Y	F	V	Z	H	M	O	W	B	B	E	N	D	R	N	Y	H
E	M	P	F	F	K	N	O	R	T	H	E	D	A	K	O	T	A
K	Q	K	A	T	R	N	P	M	H	E	F	S	K	N	U	Z	W

CROSS CABIN
FOREST
NATIONAL PARK
ROOSEVELT
ELKHORN RANCH
HOODOO ROCK
NORTH DAKOTA
THEODORE
FERAL HORSES
MALTESE
RAINBOW
THE BADLANDS

VIRGIN ISLANDS #1

O	D	A	U	M	H	V	A	O	M	X	F	P	V	U	W	O	U
Q	K	E	E	H	W	X	B	Z	Z	U	G	P	T	V	H	N	E
P	K	I	M	W	A	E	G	Q	Q	F	M	J	W	I	R	A	I
A	W	P	E	V	S	V	T	O	Z	Q	V	H	T	R	E	T	N
W	K	M	H	U	A	U	G	Z	C	G	K	S	S	G	E	I	M
Q	N	V	D	X	L	P	P	I	L	V	B	T	C	I	F	O	E
M	R	M	U	A	T	X	H	Y	A	I	A	U	J	N	N	N	H
T	J	R	R	Y	P	C	I	N	N	A	M	O	N	D	B	A	Y
I	J	M	F	W	P	H	K	A	P	V	K	S	T	I	A	L	Z
H	Y	U	O	E	O	F	I	T	Z	E	C	R	Q	S	Y	N	M
J	Q	J	K	O	N	P	N	R	Z	B	D	F	X	L	Y	P	G
C	B	Y	H	Z	D	K	G	U	O	A	I	G	K	A	T	A	Q
L	U	M	F	A	Z	H	O	N	E	Y	M	O	O	N	R	R	R
F	S	V	Y	D	B	V	Z	K	E	G	F	R	D	D	A	K	V
T	D	W	P	M	A	H	O	I	B	A	Y	U	M	S	I	U	I
I	A	W	A	F	Y	Z	S	B	E	A	C	H	E	S	L	P	Q
X	U	C	R	U	Z	W	B	A	Y	P	A	P	Y	M	N	D	G
I	G	W	K	Y	B	N	D	Y	E	G	A	Y	P	L	Z	K	T

BEACHES	CINNAMON BAY	CRUZ BAY
HIKING	HONEYMOON	MAHO BAY
NATIONAL PARK	PARK	REEF BAY TRAIL
SALT POND BAY	TRUNK BAY	VIRGIN ISLANDS

VOYAGEURS #1

H	W	S	D	D	S	M	A	Y	N	J	U	X	E	S	S	B	A
Z	N	T	S	F	N	E	T	H	P	P	G	G	U	V	V	D	D
U	F	R	C	I	Q	C	U	H	O	V	Q	N	U	U	K	W	I
F	M	F	M	S	M	O	O	S	E	Y	K	Z	B	B	O	B	H
N	W	G	Y	H	I	K	I	N	G	B	M	M	W	Y	N	F	I
B	F	N	Z	I	N	A	T	I	O	N	A	L	J	P	A	R	K
K	T	Z	U	N	N	O	W	Z	C	O	B	P	Z	S	N	O	V
E	K	D	Q	G	E	Q	O	C	V	T	T	M	M	W	S	I	M
S	S	G	R	B	S	M	O	P	F	T	L	T	Z	H	D	M	P
R	S	T	M	L	O	J	I	B	W	E	W	E	X	R	G	Q	L
B	Z	O	S	A	T	B	B	D	H	R	W	M	I	Z	G	B	Q
I	I	I	I	C	A	M	P	I	N	G	M	T	N	I	W	X	B
M	M	U	S	K	R	A	T	N	C	Y	H	W	X	V	A	P	V
W	V	E	G	W	A	E	G	S	P	Z	H	O	P	K	X	Q	Y
J	K	C	X	B	O	A	T	I	N	G	A	Q	T	Y	M	Z	Y
V	X	M	P	E	G	H	U	W	L	O	L	W	Z	H	X	S	H
E	V	O	Y	A	G	E	U	R	S	Q	F	J	B	P	M	T	J
J	V	H	A	R	J	E	Z	D	I	Q	A	T	T	A	R	J	O

BLACK BEAR	BOATING	CAMPING
FISHING	HIKING	MINNESOTA
MOOSE	MUSKRAT	NATIONAL PARK
OJIBWE	OTTER	VOYAGEURS

WHITE SANDS #1

H	I	I	L	X	N	Y	M	Z	J	C	V	N	W	Z	A	G	R
E	B	D	J	I	X	L	A	P	G	W	G	J	D	I	K	W	T
Y	B	K	T	K	X	J	M	A	K	J	E	W	F	H	N	H	V
I	S	S	K	D	A	Z	M	X	X	A	L	Q	Z	F	W	L	B
L	O	Q	F	G	E	D	O	D	R	H	S	L	P	V	M	I	R
S	P	P	K	B	N	A	T	I	O	N	A	L	A	P	A	R	K
P	A	H	N	X	A	V	H	K	V	L	G	W	S	W	M	Y	H
W	M	N	Q	I	M	D	S	R	P	G	Z	A	D	W	M	N	F
Z	F	D	C	R	K	I	W	A	S	P	S	D	L	X	A	L	Q
O	I	E	X	U	J	V	T	P	M	F	M	T	T	N	L	N	M
J	J	O	D	W	W	H	I	T	E	Q	S	A	N	D	S	S	B
X	L	O	G	V	O	I	H	O	N	D	P	R	T	U	J	X	S
R	L	M	G	R	O	C	G	R	D	Y	I	A	Q	B	V	X	D
Y	T	Q	D	S	D	R	L	S	E	J	D	N	G	K	Q	Z	R
L	L	U	E	U	J	N	M	Q	M	D	E	T	B	P	L	G	W
T	S	B	N	M	R	X	U	W	I	E	R	U	A	R	H	I	X
U	I	Q	M	W	A	T	G	R	C	K	S	L	X	C	G	M	O
U	P	B	E	E	T	L	E	S	Q	Z	R	A	B	B	I	T	S

BEETLES
MAMMOTHS
RAPTORS
WASPS

ENDEMIC
NATIONAL PARK
SPIDERS
WHITE SANDS

MAMMALS
RABBITS
TARANTULA
WOOD RAT

WIND CAVE #1

M	M	Q	U	Y	A	N	M	W	X	H	M	L	Y	U	N	X	S
Y	E	M	M	X	X	P	O	N	M	Z	T	J	B	D	Y	M	J
H	O	X	X	B	S	W	H	I	T	J	F	Y	V	H	T	P	S
T	W	Y	J	D	Z	P	P	N	H	I	Q	J	S	A	J	C	K
V	N	Q	W	K	Z	Y	B	A	D	G	E	R	S	K	U	D	K
C	G	Y	A	T	G	S	L	T	M	K	M	B	K	O	B	S	W
R	X	L	Y	A	W	A	N	I	P	A	Z	L	E	W	W	M	Q
D	T	D	Z	K	L	X	I	O	U	B	H	R	M	I	N	K	S
D	U	N	M	A	M	O	F	N	B	E	I	C	I	N	C	O	K
Y	C	Z	W	H	P	P	R	A	I	R	I	E	F	D	O	G	S
L	F	T	Q	L	T	R	A	L	S	M	U	L	G	V	Y	J	K
R	Y	R	N	Z	J	O	C	L	O	I	R	K	G	C	O	E	U
U	Z	F	G	C	Z	N	C	P	N	N	U	N	W	A	T	S	N
W	U	R	B	L	F	G	O	A	V	E	O	F	M	V	E	I	K
C	D	O	L	T	U	H	O	R	F	S	D	X	C	E	S	E	S
I	J	U	H	N	Z	O	N	K	N	L	G	N	M	I	R	D	M
D	V	B	P	E	E	R	S	N	E	U	P	T	K	K	P	K	W
Y	H	X	O	S	S	N	Y	V	H	N	W	U	F	I	C	M	B

BADGERS	BISON	COYOTES
ELK	ERMINES	MINKS
NATIONAL PARK	PRAIRIE DOGS	PRONGHORN
RACCOONS	SKUNKS	WIND CAVE

WRANGELL ST ELIAS #1

O	O	T	B	L	P	R	V	T	I	B	R	T	V	F	A	O	H
G	T	D	C	L	F	M	M	M	Y	F	I	X	T	X	Q	L	S
T	P	O	D	V	V	P	O	D	K	W	U	M	H	Q	G	P	O
U	K	S	Y	P	W	E	Z	L	Y	U	A	N	P	N	U	C	Y
X	A	M	U	N	R	Q	O	P	E	T	Z	O	H	N	L	F	L
K	S	S	E	Y	N	Z	T	M	Z	I	K	V	I	M	A	C	M
M	E	T	T	I	X	O	H	N	M	J	R	B	T	O	R	H	O
W	P	R	F	V	L	S	S	H	I	K	E	R	S	U	G	B	U
O	B	A	Y	Q	N	W	R	A	N	G	E	L	L	N	E	L	N
L	L	T	N	A	Z	C	B	F	E	U	N	F	P	T	S	U	T
N	T	O	J	D	B	L	A	B	R	A	D	O	R	M	T	E	A
V	V	V	L	A	E	Y	L	M	A	N	A	T	K	S	Q	B	I
T	Z	O	Z	G	X	G	A	V	L	S	Z	S	Z	A	P	E	N
W	W	L	V	V	R	N	S	I	S	H	E	U	W	N	A	R	O
Q	L	C	T	G	K	E	K	L	V	F	F	W	V	F	R	R	U
R	N	A	T	I	O	N	A	L	E	P	A	R	K	O	K	Y	S
X	B	N	B	D	U	B	L	A	C	K	M	S	P	R	U	C	E
E	Z	O	T	I	H	W	L	O	F	B	U	C	Z	D	R	P	D

ALASKA	BLACK SPRUCE	BLUEBERRY
HIKERS	LABRADOR TEA	LARGEST PARK
MINERALS	MOUNTAINOUS	MOUNT SANFORD
NATIONAL PARK	STRATOVOLCANO	WRANGELL

YELLOWSTONE #1

L	S	Y	T	V	P	K	V	V	J	F	V	N	Z	J	W	Y	D
C	X	G	Z	W	Y	G	R	A	N	D	F	C	A	N	Y	O	N
K	E	H	N	L	E	W	I	S	E	L	A	K	E	S	O	B	A
T	L	W	G	W	L	I	D	C	J	Z	K	O	X	B	M	N	T
A	P	A	C	I	L	L	E	U	X	Q	S	A	L	P	I	V	I
X	D	W	B	R	O	L	K	L	J	P	R	O	M	H	N	Y	O
T	Q	U	E	E	W	O	K	A	N	G	L	E	R	S	G	R	N
R	Z	K	L	A	S	W	I	R	E	P	T	I	L	E	S	K	A
P	S	C	L	R	T	S	I	H	T	U	P	Z	V	M	S	V	L
M	H	Z	M	M	O	I	G	P	V	O	A	C	G	C	D	C	H
U	G	M	L	C	N	Z	L	L	E	X	P	M	O	G	X	Y	P
G	D	Q	B	X	E	B	B	A	U	P	G	A	M	A	S	N	A
P	B	J	Y	Q	E	M	O	N	T	A	N	A	Z	I	H	Z	R
Y	T	P	P	K	R	B	V	T	P	X	P	D	T	O	B	I	K
R	H	S	I	B	D	W	I	S	E	N	R	H	C	I	R	W	H
A	M	E	R	I	C	A	N	Q	B	I	S	O	N	N	V	A	T
U	Z	Z	A	S	G	H	E	N	H	Q	D	U	X	N	D	Z	F
E	P	A	V	A	R	J	O	U	Y	V	M	Z	P	J	W	O	G

AMERICAN BISON	ANGLERS	BOVINE
GRAND CANYON	LEWIS LAKES	MONTANA
NATIONAL PARK	REPTILES	VASCULAR PLANTS
WILLOWS	WYOMING	YELLOWSTONE

YOSEMITE #1

R	E	E	R	Q	Q	Z	T	D	G	K	A	U	Z	B	C	Y	F
A	N	L	H	L	R	G	Q	J	E	P	S	D	B	L	A	O	I
O	H	O	E	Q	C	K	E	B	P	H	P	U	Q	R	F	S	P
T	M	C	L	Y	V	G	Y	L	Y	O	S	E	M	I	T	E	S
R	W	R	H	M	P	I	K	A	O	H	P	Y	Y	A	U	M	J
V	L	O	S	J	W	E	Y	C	S	G	B	M	O	E	A	I	Y
N	M	J	L	U	G	B	G	K	E	Y	Z	K	G	J	G	T	K
A	K	C	G	N	Q	N	B	M	M	A	R	M	O	T	Y	E	G
G	F	S	F	C	L	I	M	B	I	N	G	J	H	I	V	R	M
L	I	W	A	A	H	O	U	E	T	S	I	A	Q	H	N	V	R
E	V	E	F	L	I	I	L	A	E	V	M	W	P	Z	M	A	D
B	F	S	P	I	K	A	E	R	V	H	E	Q	O	D	F	L	N
Z	Z	E	H	F	I	U	U	K	T	D	V	E	J	Z	K	L	X
Y	B	C	W	O	N	J	D	C	O	N	E	S	T	V	C	E	Q
B	U	D	X	R	G	Y	E	I	A	H	R	Z	X	Y	R	Y	X
M	Q	L	U	N	X	O	E	B	D	T	E	O	L	L	L	A	F
P	E	X	E	I	N	V	R	G	J	K	N	G	M	B	P	C	S
J	P	J	N	A	T	I	O	N	A	L	N	P	A	R	K	N	Q

BLACK BEAR	CALIFORNIA	CLIMBING
CONES	HIKING	MARMOT
MULE DEER	NATIONAL PARK	PIKA
YOSEMITE	YOSEMITE TOAD	YOSEMITE VALLEY

ZION #1

I	N	I	R	T	O	O	N	E	U	J	E	J	Z	P	N	H	F
R	U	I	V	I	R	G	I	N	K	R	I	V	E	R	P	I	I
E	X	Z	A	L	W	I	X	J	Z	R	Q	G	Q	L	C	B	A
J	E	Q	L	S	Y	C	O	Y	O	T	E	S	W	B	U	Y	B
O	D	N	A	T	I	O	N	A	L	K	P	A	R	K	G	Q	F
U	A	V	Z	D	L	U	S	M	A	U	X	B	V	K	G	K	N
J	U	L	I	N	T	G	X	Z	F	N	E	R	M	M	Q	C	C
F	I	B	O	B	C	A	T	S	H	G	U	Q	K	O	J	W	M
U	Q	L	N	C	B	R	H	X	V	A	F	R	Z	W	V	A	O
M	C	B	R	A	I	S	E	M	A	Y	W	P	W	U	X	H	E
U	G	S	C	T	H	E	L	N	A	R	R	O	W	S	J	P	T
O	T	R	A	I	L	S	S	F	H	G	N	Z	B	W	B	R	S
D	K	G	N	N	O	G	U	T	A	H	F	T	Q	O	I	O	T
N	U	F	Y	W	D	I	B	A	D	G	E	R	S	X	P	S	O
I	A	T	O	S	X	B	W	R	R	N	I	D	Y	T	D	Q	K
L	G	A	N	T	G	R	A	Y	E	F	O	X	E	S	W	D	X
V	U	Z	N	C	C	H	Y	V	M	K	H	I	V	K	D	J	B
C	P	Z	A	M	G	Z	I	B	F	A	I	C	N	E	F	T	L

BADGERS
BOBCATS
COUGARS
COYOTES
GRAY FOXES
NATIONAL PARK
THE NARROWS
THE SUBWAY
TRAILS
UTAH
VIRGIN RIVE
ZION CANYON

ANSWER KEYS

ACADIA #1

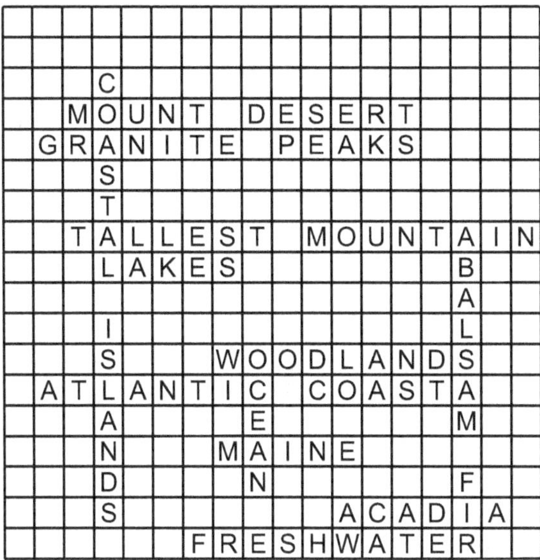

AMERICAN SAMOA #1

				S													
				A	M	E	R	I	C	A	N		S	A	M	O	A
				M					Y								
				O					C								
				A					L						W	S	
				N			C		O			S			H	P	
					B	R	O	W	N		B	O	O	B	I	E	S
				I		A	R		E			U			T	C	E
				S		I	A					T			E	I	A
				L		N	L		V			H				E	
				A		F			A			E			B	S	T
				N		O	R		L	P	A	R	K	S	E		U
				D		R	E					N			A	F	R
				S		E	E					M			C	I	T
						S	F	O	X	E	S	O			H	S	L
						T	S					S			E	H	E
						S						T			S		S

ARCHES #1

					N							D		N			
				L	A	N	D	S	C	A	P	E		A	R	C	H
					T		B	A		R	O	S		T	O		
					U	F	I	N	S	C	T	E		U	C		
					R		O	D		H	H	R		R	K		
					A		L	S		E	O	T		A	S		
					L		O	T		S	L			L			
							G	O			E	C					
							I	N			S	L		W			
							C	E				I		A			
							A					M		T			
							L					A		E			
	D	O	U	B	L	E		A	R	C	H	T		R			
							S					E					
						M	O	S	T		P	O	P	U	L	A	R
		O	N	E		P	I	N	N	A	C	L	E	S			
					D	E	L	I	C	A	T	E		A	R	C	H

BADLANDS #1

								M									
L	A	R	G	E	S	T		A	S	S	E	M	B	L	A	G	E
								M									
								M									
								A									
		M				P		L		W	I	L	D	L	I	F	E
	B	I	G	H	O	R	N		S	H	E	E	P		B		
		X				A		F	P	I	N	N	A	C	L	E	S
		E				I		O	A	T					A		O
		D				R		S	R	E					C		U
						I		S	K						K		T
		G				E		I		R							H
		R						L		I					F		
		A				D		S		V		D	A	K	O	T	A
		S				O				E					O		
		S				G				R					T		
						S					S	P	I	R	E	S	
															D		

BIG BEND #1

L	A	R	G	E	S	T		P	R	O	T	E	C	T	E		
	C	H	I	H	U	A	H	U	A	N		D	E	S	E	R	T
												I					
		V										N					
		O										O					
		L			B							S					
		C		R	I	V	E	R		C	H	A	N	N	E	L	
	P	A			G	W						U					
S	A	N	T	A		E	L	E	N	A		R					
	R	I			B	S											
	K	C			E	T						B					
					N							O					
	R	D			D	T						N					
	A	I				E						E					
	N	K				X						S					
	G	E			N	A	T	I	O	N	A	L		P	A	R	K
	E	S				S											
A	R	C	H	E	O	L	O	G	I	C	A	L					

BISCAYNE #1

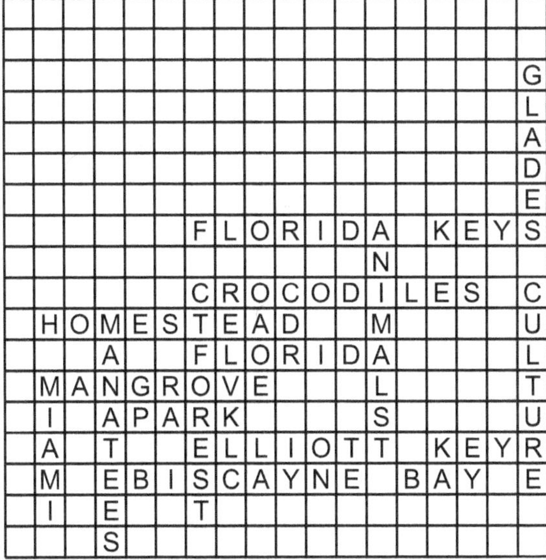

																	G
																	L
																	A
																	D
																	E
						F	L	O	R	I	D	A		K	E	Y	S
												N					
						C	R	O	C	O	D	I	L	E	S		C
	H	O	M	E	S	T	E	A	D			M					U
			A			F	L	O	R	I	D	A					L
	M	A	N	G	R	O	V	E				L					T
	I		A	P	A	R	K					S					U
	A		T			E	L	L	I	O	T	T		K	E	Y	R
	M		E	B	I	S	C	A	Y	N	E		B	A	Y		E
	I		E			T											
			S														

BLACK CANYON OF THE GUNNISON #1

C	O	L	O	R	A	D	O		R	I	V	E	R				
			G	U	N	N	I	S	O	N		R	I	V	E	R	
			U	D	E	E	P	E	S	T	S		P	A	R	K	
			N					V			A		R				
			N					E			L		E	M			C
			I					R			T		C	O			A
			S			B	L	A	C	K		C	A	N	Y	O	N
			O					L	R		L	O	M	T			Y
			N						A		A	L	B	R			O
								C	W		K	O	R	O			N
			T					A	F		E	R	I	S			
			U					N	O			A	A	E			
			N					Y	R		C	D	N				
			N					O	D		I	O					
			E					N			T						
			L					S			Y						

BRYCE CANYON #1

			E	A	G	L	E	S									
			R										S				
		M	O	R	M	O	N						A				
		U	S		U		A	G					N				
		L	I		L		T	E	S				D				
		T	O		E	P	I	O	N	E	E	R	S				
		I	N				V	L	O	A			T				
		C			D		E	O	W	M			O				
		O			E			G	S	P			N				
		L			E		A	I	H	H			E				
		O			R		M	C	O	I							
		R					E	A	E	T			H				
		E					R	L	S	H			O				
		D		S	Q	U	I	R	R	E	L	S	O				
							C			A			D				
							A			T			O				
							N			E			O				
							S			R			S				

CANYONLANDS #1

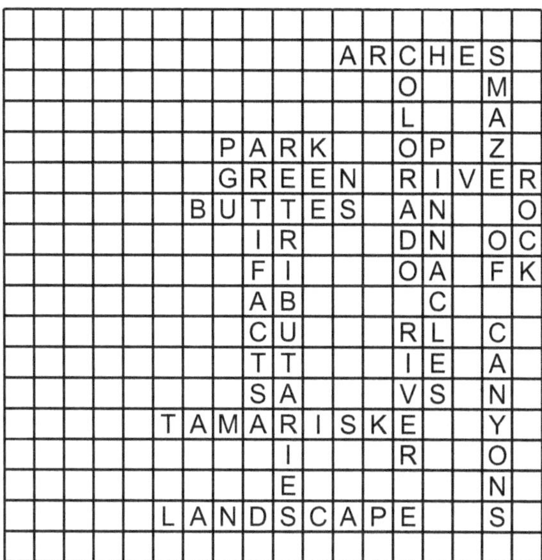

CAPITOL REEF #1

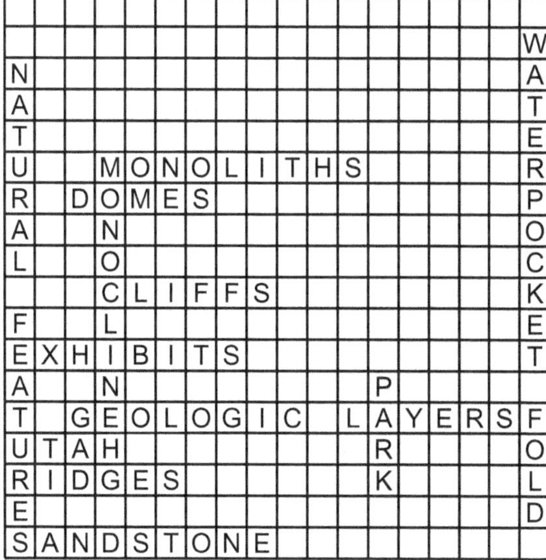

CARLSBAD CAVERNS #1

CHANNEL ISLANDS #1

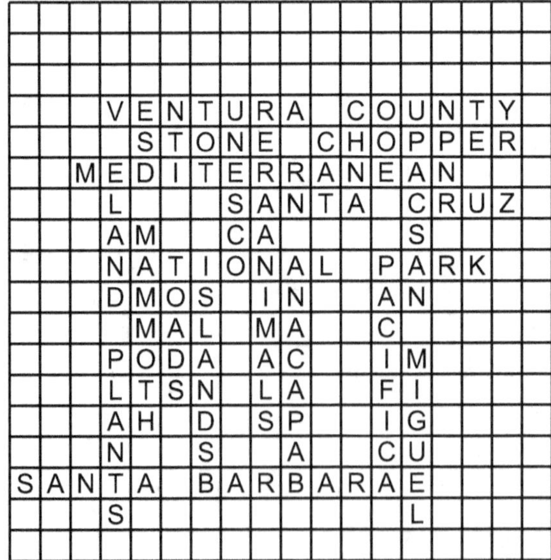

CONGAREE #1

			W		N						E		C				C
			I	S	O	U	T	H		C	A	R	O	L	I	N	A
			L	I	R		H			O	S		N				R
			D	E	T		E			N	T		G				O
			E	R	H					G	E		A				L
			R	R			T			A	R		R				I
			N	A	A		A			R	N		E				N
			E		M		L			E			E				A
			S	C	E		L			E		T			O		
			S	L	R		E					E	R		L		
				U	I		S	O	U	T	H	M	I		D		
			A	B	C							P	V				
			R		A					S	W	E	E	T	G	U	M
			E									R	R		R		
		N	A	T	I	O	N	A	L		P	A	R	K	O		
M	I	D	D	L	E		A	T	L	A	N	T	I	C	W		
												E			T		
															H		

CRATER LAKE #1

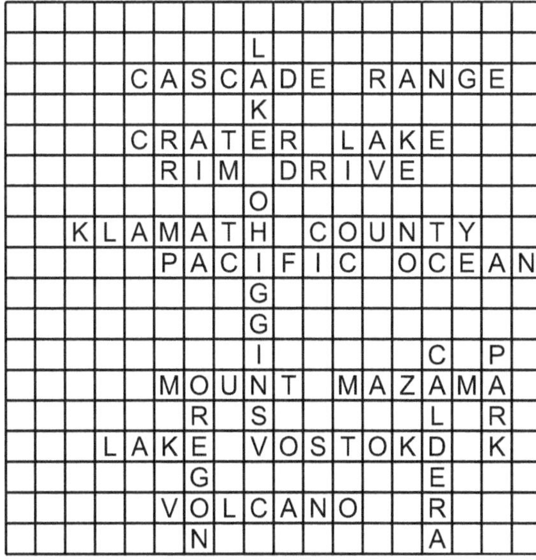

CUYAHOGA VALLEY #1

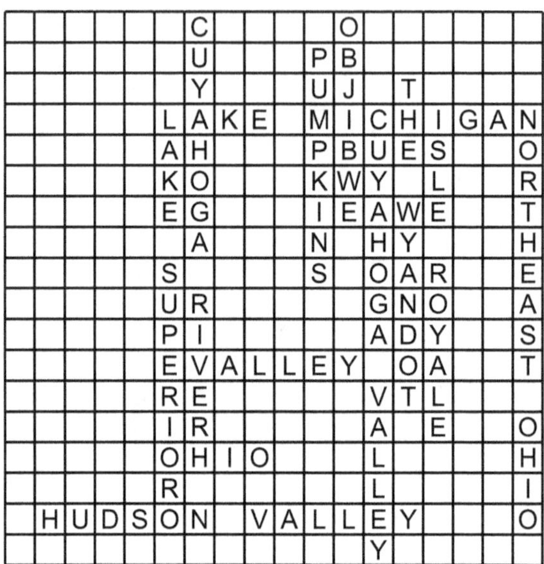

DEATH VALLEY #1

DENALI #1

DRY TORTUGAS #1

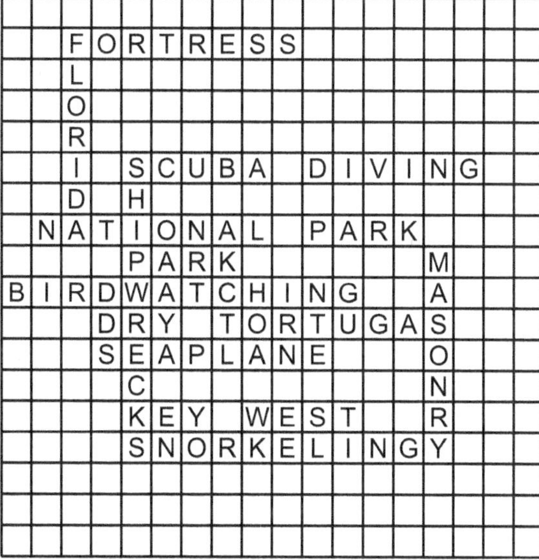

EVERGLADES #1

					N	A	T	I	O	N	A	L		P	A	R	K
							R							E			P
							A				F	L	O	R	I	D	A
							I							I	B		R
							L							P	I		K
							S							H	S		
														Y	E		
					M									T	S		
					O					H	A	M	M	O	C	K	S
					N						L			N			A
			B	R	O	W	N		P	E	L	I	C	A	N	S	W
					C						I						G
					U						G						R
					L						A						A
					T						T						S
					U						O						S
					R						R						
					E	V	E	R	G	L	A	D	E	S			

GATES OF THE ARCTIC #1

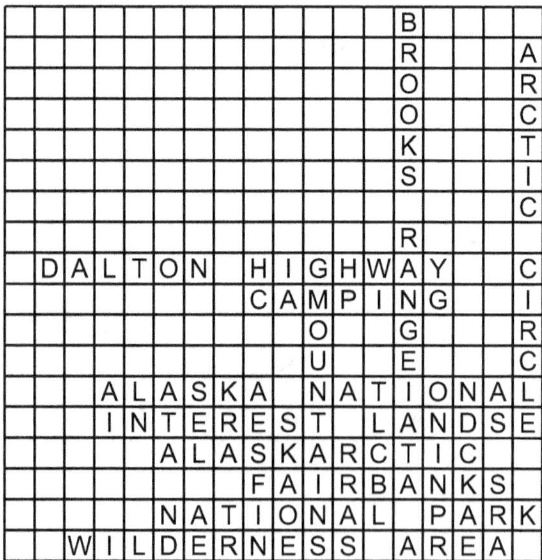

													B				
													R				A
													O				R
													O				C
													K				T
													S				I
																	C
													R				
	D	A	L	T	O	N		H	I	G	H	W	A	Y			C
								C	A	M	P	I	N	G			I
										O			G				R
										U			E				C
			A	L	A	S	K	A		N	A	T	I	O	N	A	L
			I	N	T	E	R	E	S	T		L	A	N	D	S	E
					A	L	A	S	K	A	R	C	T	I	C		
								F	A	I	R	B	A	N	K	S	
					N	A	T	I	O	N	A	L		P	A	R	K
		W	I	L	D	E	R	N	E	S	S		A	R	E	A	

GATEWAY ARCH #1

				N	A	T	I	O	N	A	L		P	A	R	K	
			M	C					A								
			I	A					T								
			S	T		L	O	U	I	S							
			S	E		O	L		O								
G			I	N		U	D		N								
A			S	A		I			A								
T			S	R		S	C	S	L	A	V	E	R	Y			
E			I	Y		I	O										
W			P			A	U		M	I	S	S	O	U	R	I	
A			P	A		N	R		E								
Y			I	R		A	T		M								
				C			H		O								
A			R	H			O	D	R	E	D		S	C	O	T	T
R			I				U		I								
C			V				S		A								
H			E				E		L								
	P	A	R	K													

GLACIER #1

																N	
	B	R	I	T	I	S	H		C	O	L	U	M	B	I	A	
																T	
									B							I	
								G	L	A	C	I	E	R		O	
								C	A	N	A	D	A			N	
						S	P	E	C	I	E	S	L			A	
							A	C	K				B			L	
							R	O	F				E				
							K	S	E				R			P	
							S	Y	E	M	O	N	T	A	N	A	
								S	T				A			R	
				M	O	U	N	T	A	I	N	O	U	S		K	
								E									
		R	O	C	K	Y		M	O	U	N	T	A	I	N	S	

GLACIER BAY #1

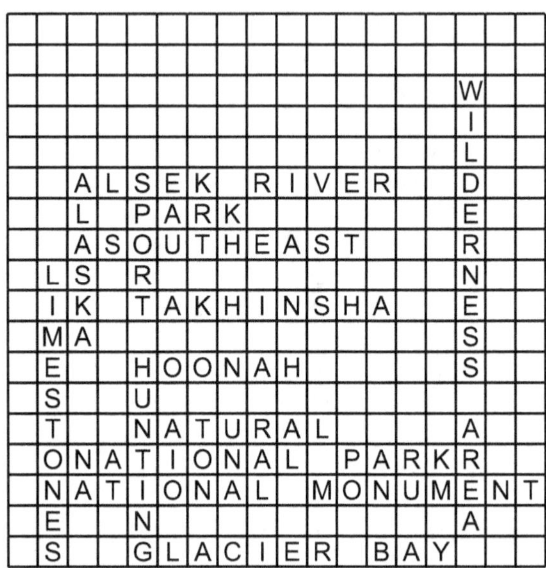

GRAND CANYON #1

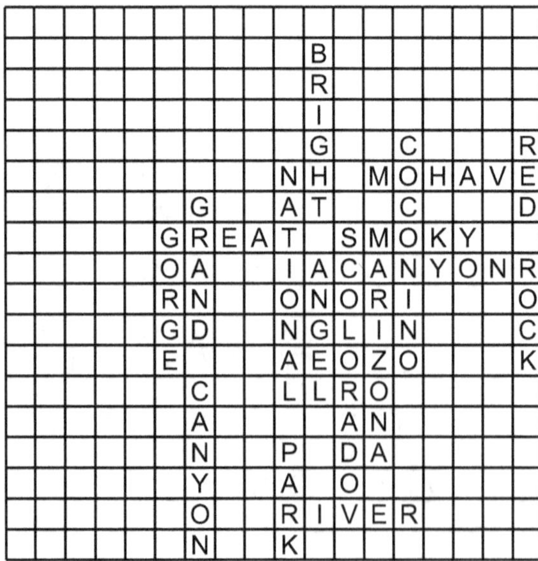

GRAND TETON #1

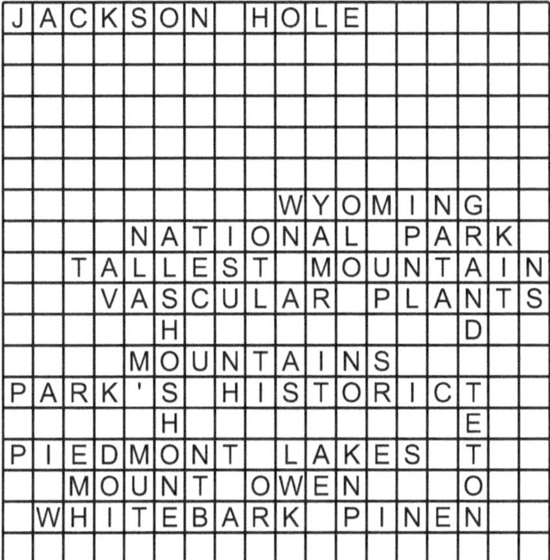

J	A	C	K	S	O	N		H	O	L	E						
									W	Y	O	M	I	N	G		
				N	A	T	I	O	N	A	L		P	A	R	K	
		T	A	L	L	E	S	T		M	O	U	N	T	A	I	N
			V	A	S	C	U	L	A	R		P	L	A	N	T	S
					H										D		
				M	O	U	N	T	A	I	N	S					
P	A	R	K	'	S		H	I	S	T	O	R	I	C	T		
					H										E		
P	I	E	D	M	O	N	T		L	A	K	E	S		T		
		M	O	U	N	T		O	W	E	N				O		
	W	H	I	T	E	B	A	R	K		P	I	N	E	N		

GREAT BASIN #1

W	H	E	E	L	E	R		P	E	A	K						
W	A	S	A	T	C	H		M	O	U	N	T	A	I	N	S	
								S	M	A	L	L		T	O	W	N
																	A
									S								T
									I		N	E	V	A	D	A	I
									E		E						O
									R		A		G				N
								F	R		R		R		F		A
								L	A	S		V	E	G	A	S	L
								O			T		A		U		
								R	N		H		T		N		P
								A	E		E				A		A
									V				B	A	K	E	R
									A		U		A				K
									D		T		S				
									A		A		I				
											H		N				

GREAT SAND DUNES #1

	S	A	N		L	U	I	S		V	A	L	L	E	Y		
	A			M				A									
	N			O		C	O	N	G	R	E	S	S				
	D			N				D									
				T				B									
	S			A		G	E	O	L	O	G	I	C				
	H			N				A									
	E		H	E	R	B	E	R	T		H	O	O	V	E	R	
	E							D									
	T			W	N	A	T	I	O	N	A	L		P	A	R	K
				O				N						A			
				O				G						R			
				D										K			
		C	O	L	O	R	A	D	O								
	R	I	P	A	R	I	A	N		Z	O	N	E	S			
				N	O	R	T	H		A	M	E	R	I	C	A	
				D													
				S	A	N	D		D	U	N	E	S				

GREAT SMOKY MOUNTAINS #1

V	E	R	T	E	B	R	A	T	E		S	P	E	C	I	E	S
		C	O	Y	O	T	E										
	N	O	R	T	H		C	A	R	O	L	I	N	A			
	P	L	A	N	T		S	P	E	C	I	E	S				
		O															
		R	I	D	G	E		M	O	U	N	T	A	I	N	S	
		F								B	A	T	S			K	
		U									T					U	
		L								H	I	K	I	N	G	N	
											O					K	
		A									N						
		U									A						
		T									L						
		U										S					
		M						C	H	I	P	M	U	N	K		
		N									A	O					
											R	K					
											K	Y					

GUADALUPE MOUNTAINS #1

					J												
	C	H	I	H	U	A	H	U	A	N		D	E	S	E	R	T
					N												
					I												
			M	G	P	H											
			C	R	E	O	S	O	T	E		B	U	S	H	E	S
			K	A	R	N			E								A
			I	S	S	E			X								L
			T	S		Y			A								T
			T	L					S								
			R	A		M	O	U	N	T	A	I	N	S			F
			I	N		E											L
			C	D		S											A
			K			Q											T
					G	U	A	D	A	L	U	P	E				S
					P	I	N	Y	O	N		P	I	N	E		
				N	A	T	I	O	N	A	L		P	A	R	K	
						E											

HALEAKALĀ #1

						N											
					R	A	I	N	F	O	R	E	S	T			
						T	A	R	D	I	G	R	A	D	E		
						I											
						O											
						N											
					H	A	L	E	A	K	A	L	Ā				
						L											
						P											
		K			N	A	T	I	V	E		P	L	A	N	T	S
	S	I	L	V	E	R	S	W	O	R	D						
		P	I	G	S	K											
	N	A	T	U	R	A	L										
		H	A	W	A	I	I										
F	A	U	N	A													
	F	L	O	R	A												
		U															

HAWAI I VOLCANOES #1

															I		
													H		S	V	K
									M	A	U	N	A		L	O	A
				V						S		A	W		A	L	
				O						H		T	A		N	C	Ū
				L								I	I		D	A	
				C	C		L			C		O	I			N	D
			H	A	L	E	A	K	A	L	Ā	N	A			I	E
			A	N	I		V			O		A	N			S	S
			W	O	M		A			U		L				M	E
			A	E	A					D							R
			I	S	T		T			S		P					T
			I		E		U					A					
					S		B					R					
							E					K					

HOT SPRINGS #1

H	O	T		S	P	R	I	N	G				O				
													U				
										A	R	K	A	N	S	A	S
													C			R	
								N	G				H	N		C	
								A	A				I	O		H	
							B	T	R				T	R		I	
						R	I	I	L		H		A	T		T	
						H	L	O	A		O			H		E	
						E	L	N	N		T		M			C	
						U		A	D	S			O	A		T	
						M	C	L		P	S		U	M		U	
						A	L		C	A	P	O	N	E		R	
						T	I	P	O		R		T	R		E	
						I	N	A	U	T	I		A	I			
						S	T	R	N	O	N		I	C			
						M	O	K	T	W	G		N	A			
							N		Y	N	S						

INDIANA DUNES #1

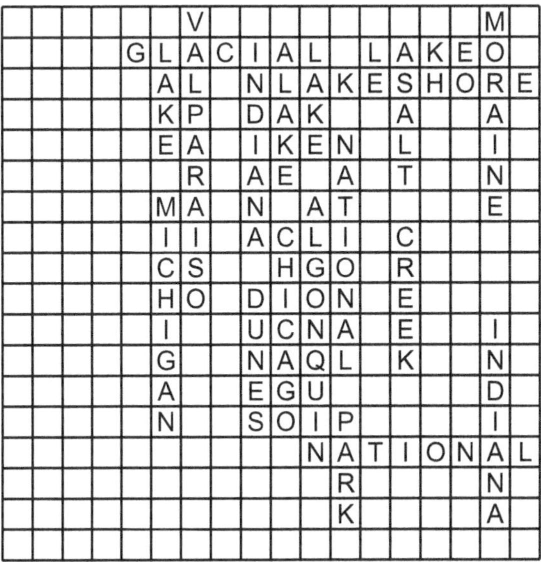

						V										M	
				G	L	A	C	I	A	L		L	A	K	E	O	
					A	L		N	L	A	K	E	S	H	O	R	E
					K	P		D	A	K			A			A	
					E	A		I	K	E	N		L			I	
						R		A	E		A		T			N	
					M	A		N		A	T					E	
					I	I		A	C	L	I		C				
					C	S			H	G	O		R				
					H	O		D	I	O	N		E				
					I			U	C	N	A		E			I	
					G			N	A	Q	L		K			N	
					A			E	G	U						D	
					N			S	O	I	P					I	
										N	A	T	I	O	N	A	L
											R					N	
											K					A	

ISLE ROYALE #1

	N	A	T	I	O	N	A	L		P	A	R	K				
				S			C	A	N	A	D	A		L	Y	N	X
			F	L	O	R	A	K									
			A	E				E									
			U														
			N	R				S									
			A	O				U	N	E	S	C	O				
				Y				P									
				A				E									
				L				R									
				E			M	I	C	H	I	G	A	N			
							O	O	O								
							O	R	Y								
							S		O								
							E		T								
					T	I	M	B	E	R		W	O	L	F		
	W	I	L	D	E	R	N	E	S	S		A	R	E	A		

JOSHUA TREE #1

					Y												
					U												
	N				C												
	A				C				C				R				
	T				A				R				O				
P	I	Ñ	O	N		P	I	N	E		S		C				
	O				B			F	O	S	K	C	K			V	D
	N				R		J	O	S	H	U	A		T	R	E	E
	A				E			R	O	R	L	L	C			G	S
	L				V			E	T	U	L	I	L			E	E
					I			S	E	B		F	I			T	R
	P				F			T		L	R	O	M			A	T
	A				O				B	A	O	R	B			T	
	R				L				U	N	C	N	I			I	
	K				I				S	D	K	I	N			O	
					A				H			A	G			N	

KATMAI #1

					N	A	T	I	O	N	A	L		P	A	R	K
												W			N		
												I	A		C		
							G					L	L		H		
							R					D	A	S	O		
							I		V	P	R	E	S	E	R	V	E
							Z		O			R	K	D	A	A	
							Z		L			N	A	G	G	L	
							L		C			E		E	E	L	
							Y		A			S				E	
									N			S				Y	
							B	R	O	W	N		B	E	A	R	S
							E		E		K	A	T	M	A	I	
							A		S			R					
							R					E					
									N	O	V	A	R	U	P	T	A

KENAI FJORDS #1

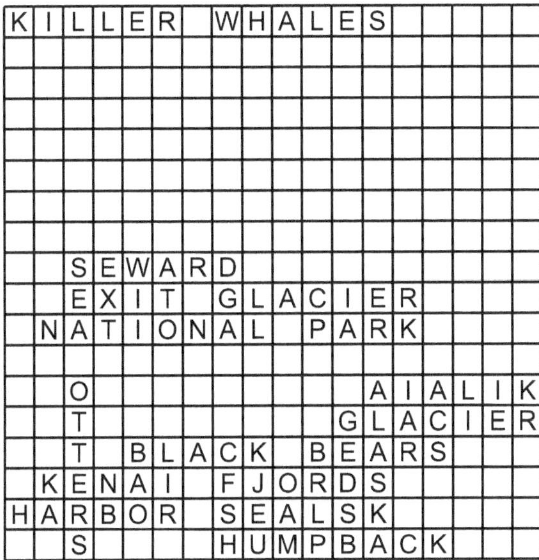

KINGS CANYON #1

											G						
											L		S		K		T
										P	A	R	A	D	I	S	E
								G			C		N		N	E	H
								I			I				G	Q	I
							V	A	L	L	E	Y	J		S	U	P
								N			R		O			O	I
	C							T	R	E	E	S	A			I	T
N	A	T	I	O	N	A	L		P	A	R	K	Q			A	E
	L							S					U				
	I							E					I				V
	F							Q					N				A
	O							U									L
	R							O					R				L
	N							I					I				E
	I						C	A	N	Y	O	N	V				Y
	A												E				
													R				

KOBUK VALLEY #1

						B	L	A	C	K		B	E	A	R	S	
						R						C					
					K	O	B	U	K		V	A	L	L	E	Y	
						W	E				A	R	C	T	I	C	
						N	A				L	I		N		A	
							V				A	B		A		N	
						B	E				S	O		T		A	
						E	R				K	U		I		D	
						A	S			S	A	L	M	O	N	I	
		R	I	V	E	R		O	T	T	E	R	S	N		A	
			M	O	O	S	E							A		N	
														L			
																L	
														P		Y	
														A		N	
														R		X	
														K		E	
																S	

LAKE CLARK #1

										L			B				
	S	O	C	K	E	Y	E		S	A	L	M	O	N			
			R	A						N			R				
			E	T						D			E				
			S	M						S			A	C			
			C	A						C			L	A		N	
			E	I						A				N	T	A	
			N							P			F	A	I	T	M
			T							E		L	O	D	M	I	O
										S	C	A	R	I	B	O	U
			L									K	E	A	E	N	N
			A									E	S	N	R	A	T
			K										T			L	A
			E									C		L	W		I
												L		Y	O	P	N
				B	R	O	W	N		B	E	A	R	N	L	A	S
												R		X	F	R	
												K				K	

LASSEN VOLCANIC #1

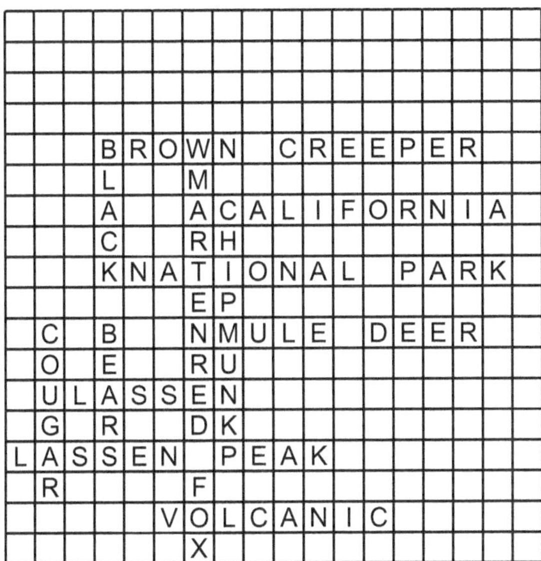

			B	R	O	W	N		C	R	E	E	P	E	R		
			L			M											
			A			A	C	A	L	I	F	O	R	N	I	A	
			C			R	H										
			K	N	A	T	I	O	N	A	L		P	A	R	K	
						E	P										
	C		B			N	M	U	L	E		D	E	E	R		
	O		E			R	U										
	U	L	A	S	S	E	N										
	G		R			D	K										
L	A	S	S	E	N		P	E	A	K							
	R					F											
					V	O	L	C	A	N	I	C					
						X											

MAMMOTH CAVE #1

				F													
				O													
				R						B	A	T	S				
				E				G		I							
		I	M	S	H			R		G			T				
		N	A	T	I	O	N	A	L		P	A	R	K			
		D	M		C			Y	O	B			A	E			
		I	M		K				N	R			V	N			
		A	O		O			B	G	O			E	T			
		N	T		R			A	E	W			R	U			
		A	H		Y			T	S	N			T	C			
									T				I	K			
		B	C							B			N	Y			
		A	A						C	A			E				
		T	V						A	T							
			E						V								
									E								
L	A	S	I	U	R	U	S		B	O	R	E	A	L	I	S	

MESA VERDE #1

MOUNT RAINIER #1

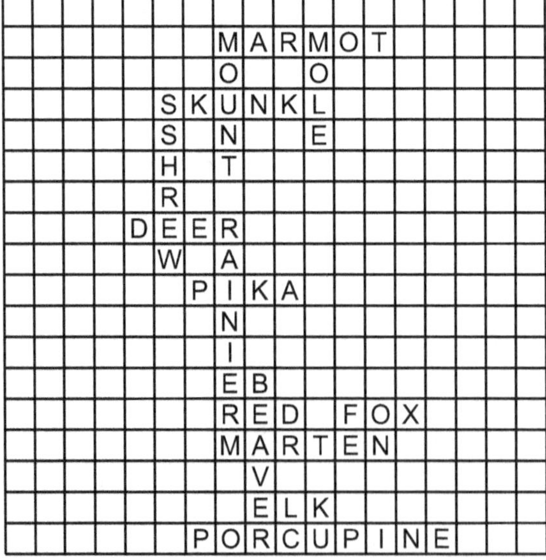

NORTH CASCADES #1

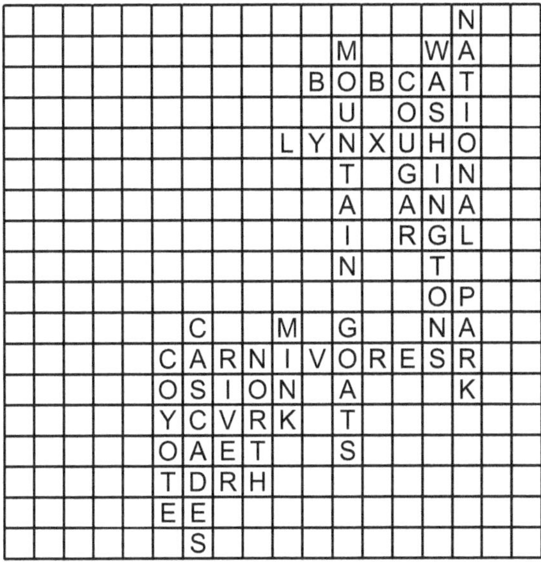

OLYMPIC #1

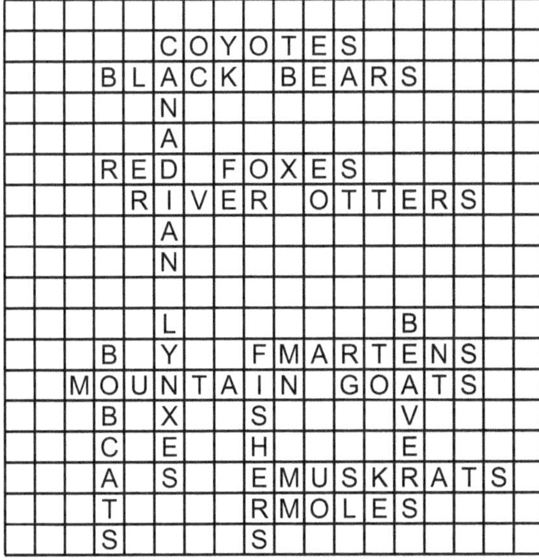

PETRIFIED FOREST #1

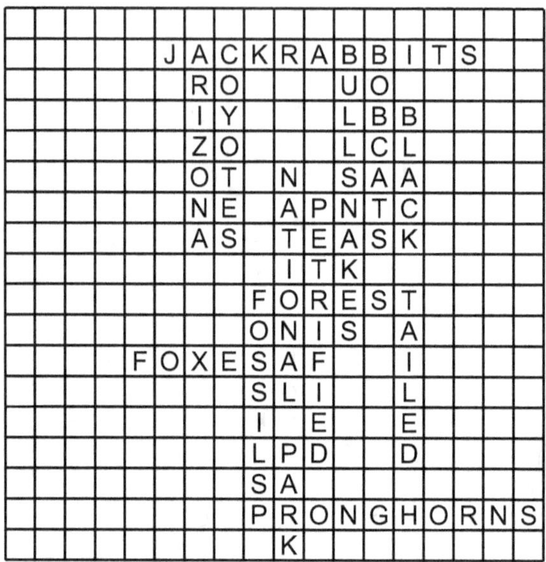

PINNACLES #1

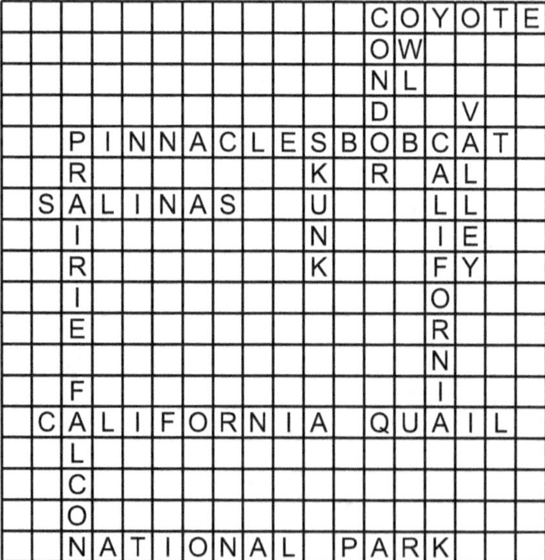

REDWOOD #1

								B	L	A	C	K		B	E	A	R
					R	I	V	E	R		O	T	T	E	R		
					E			A						L			
					D			V			K		B	K			
					W		S	E	A		L	I	O	N	S		
					O			R			A		B	A			
				C	O	U	G	A	R		M		C	T			
				A	D						A		A	I			
				L							T		T	O			
				I							H			N			
				F										A			
			C	O	Y	O	T	E			R			L			
				R							I						
				N							V			P			
				I							E			A			
				A							R			R			
														K			

ROCKY MOUNTAIN #1

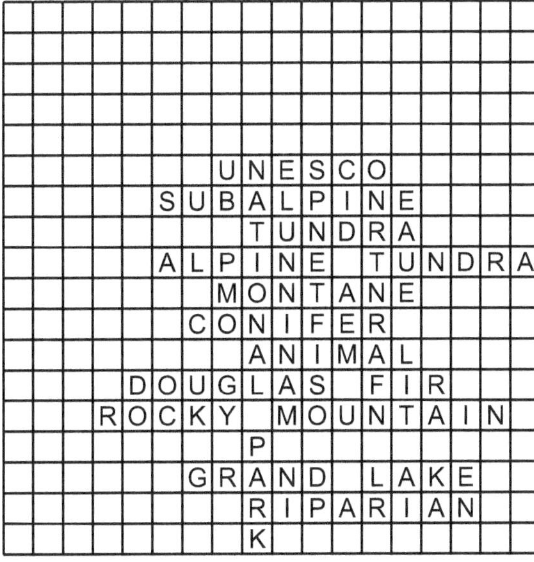

							U	N	E	S	C	O					
					S	U	B	A	L	P	I	N	E				
								T	U	N	D	R	A				
					A	L	P	I	N	E		T	U	N	D	R	A
							M	O	N	T	A	N	E				
						C	O	N	I	F	E	R					
								A	N	I	M	A	L				
				D	O	U	G	L	A	S		F	I	R			
			R	O	C	K	Y		M	O	U	N	T	A	I	N	
								P									
						G	R	A	N	D		L	A	K	E		
								R	I	P	A	R	I	A	N		
								K									

SAGUARO #1

W	H	I	T	E		T	A	I	L	E	D		D	E	E	R	
	G							M									
	R		R	O	A	D	R	U	N	N	E	R	S				
	A							L									
	Y				J	A	V	E	L	I	N	A	S				
												R					
	F		B					D				I					
C	O	Y	O	T	E	S		E				Z					
	X		B					E				O					
	E		C	O	U	G	A	R	S			N					
	S	P	A	R	K							A					
	N	A	T	I	O	N	A	L		P	A	R	K				
			S	A	G	U	A	R	O								

SEQUOIA #1

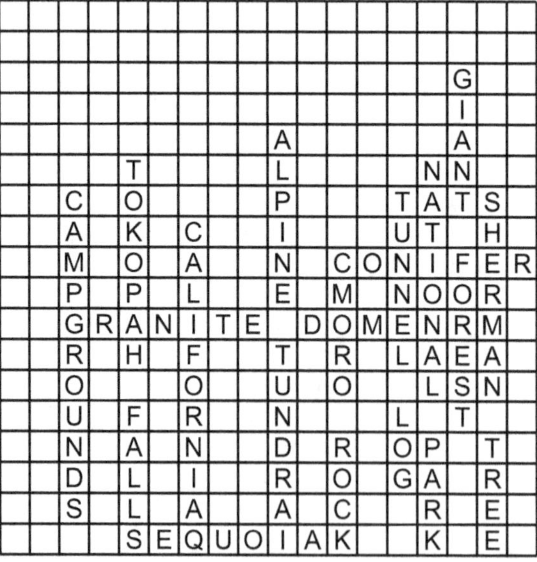

															G		
															I		
									A						A		
				T					L					N	N		
		C		O					P				T	A	T	S	
		A		K		C			I				U	T		H	
		M		O		A			N		C	O	N	I	F	E	R
		P		P		L			E		M		N	O	O	R	
		G	R	A	N	I	T	E		D	O	M	E	N	R	M	
		R		H		F			T		R		L	A	E	A	
		O				O			U		O			L	S	N	
		U		F		R			N				L		T		
		N		A		N			D		R		O	P		T	
		D		L		I			R		O		G	A		R	
		S		L		A			A		C			R		E	
				S	E	Q	U	O	I	A	K			K		E	

SHENANDOAH #1

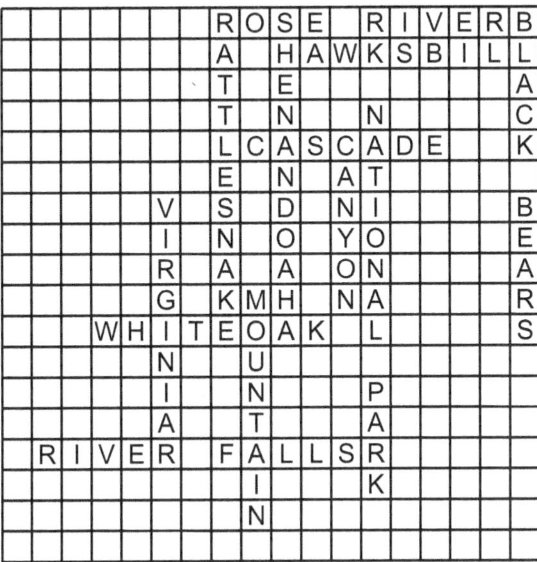

THEODORE ROOSEVELT #1

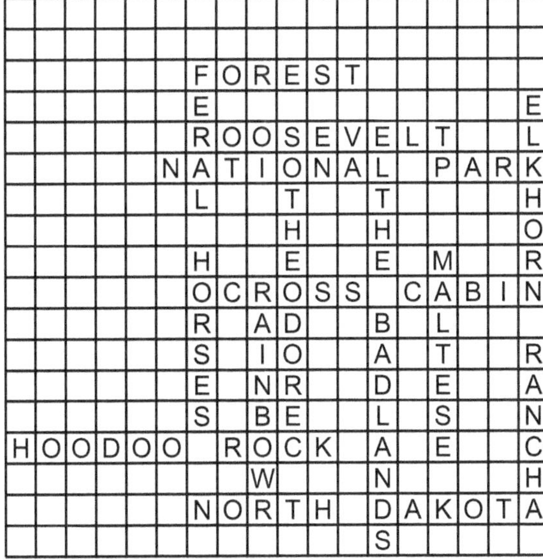

VIRGIN ISLANDS #1

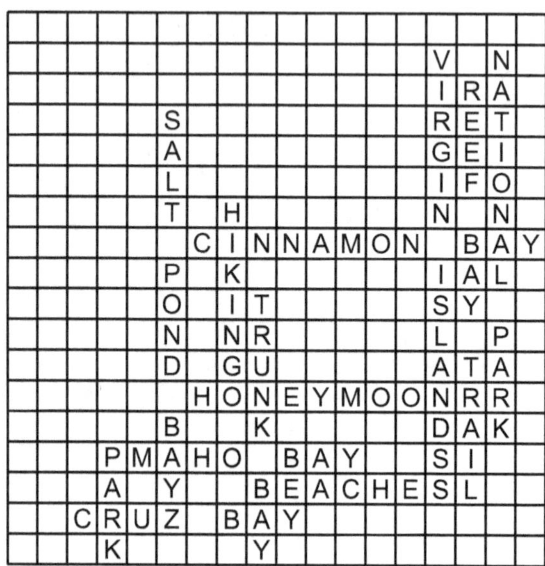

VOYAGEURS #1

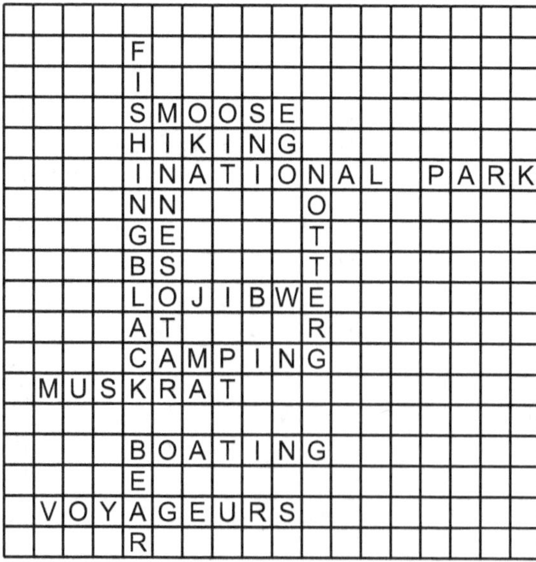

WHITE SANDS #1

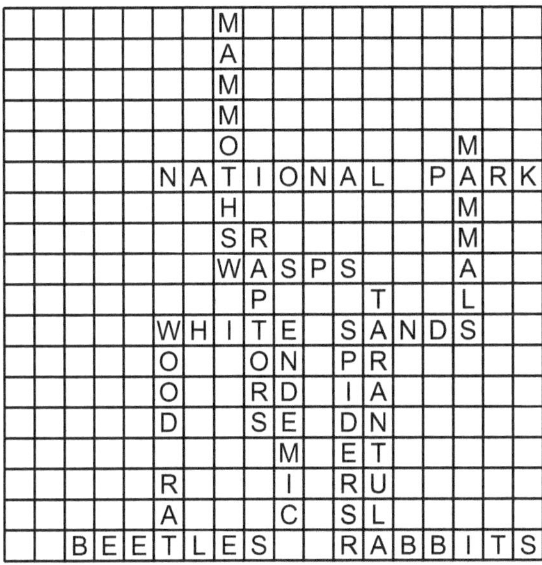

WIND CAVE #1

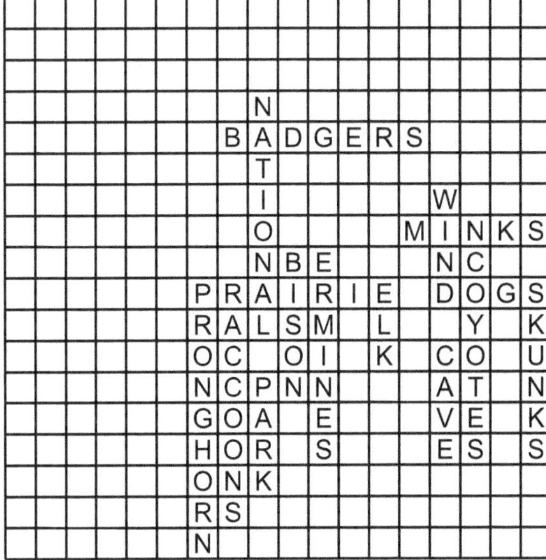

WRANGELL ST ELIAS #1

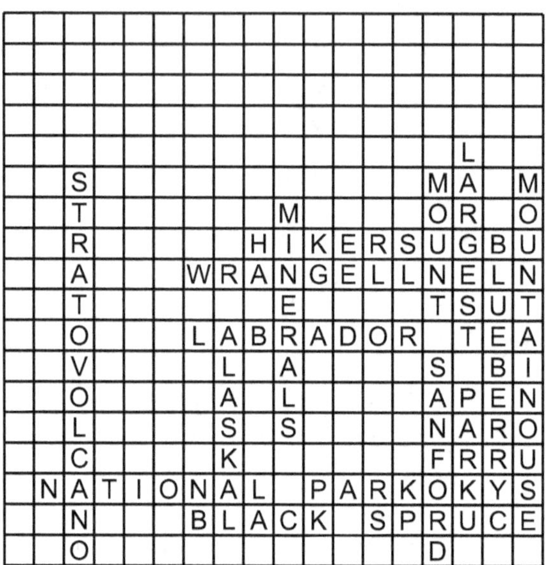

															L		
		S												M	A		M
		T							M					O	R		O
		R						H	I	K	E	R	S	U	G	B	U
		A				W	R	A	N	G	E	L	L	N	E	L	N
		T							E					T	S	U	T
		O				L	A	B	R	A	D	O	R		T	E	A
		V					L		A					S		B	I
		O					A		L					A	P	E	N
		L					S		S					N	A	R	O
		C					K							F	R	R	U
	N	A	T	I	O	N	A	L		P	A	R	K	O	K	Y	S
		N				B	L	A	C	K		S	P	R	U	C	E
		O												D			

YELLOWSTONE #1

								V							W		
					Y	G	R	A	N	D		C	A	N	Y	O	N
				L	E	W	I	S		L	A	K	E	S	O		A
					L	I		C							M		T
					L	L		U							I		I
					O	L		L							N		O
					W	O		A	N	G	L	E	R	S	G		N
					S	W		R	E	P	T	I	L	E	S		A
					T	S											L
					O			P									
					N			L									P
					E		B	A									A
						M	O	N	T	A	N	A					R
							V	T									K
							I	S									
A	M	E	R	I	C	A	N		B	I	S	O	N				
							E										

YOSEMITE #1

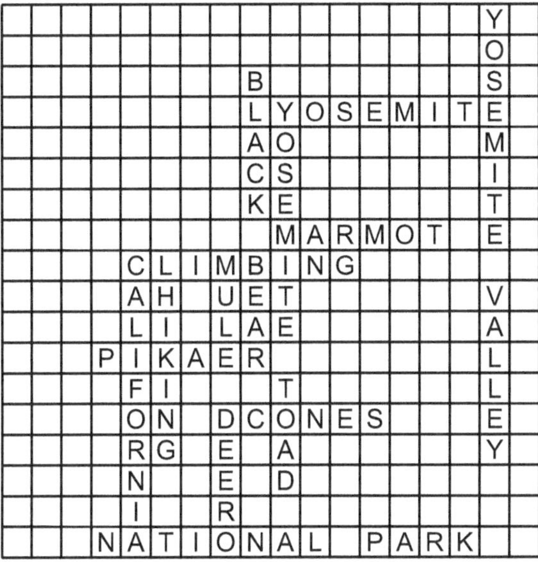

ZION #1

			V	I	R	G	I	N		R	I	V	E				
						C	O	Y	O	T	E	S					
		N	A	T	I	O	N	A	L		P	A	R	K			
			Z			U											
			I			G											
		B	O	B	C	A	T	S									
			N			R	H										
						S	E										
			C	T	H	E		N	A	R	R	O	W	S			
	T	R	A	I	L	S	S										
			N				U	T	A	H							
			Y				B	A	D	G	E	R	S				
			O				W										
			N		G	R	A	Y		F	O	X	E	S			
							Y										

www.ingramcontent.com/pod-product-compliance
Lightning Source LLC
Chambersburg PA
CBHW070749250726
48662CB00004B/1708

* 9 7 9 8 5 9 4 8 6 8 7 0 0 *